神トーーク

「伝え方しだい」で人生は思い通り

GOD TALK

LIFE WILL BE AS YOU WISH
WITH "HOW TO COMMUNICATE"

星渉
WATARU HOSHI

KADOKAWA

はじめに

一度きりの人生を後悔しないために

やっとあなたにお会いすることができました。
数多くある書籍の中で、本書を手に取っていただき、ありがとうございます。

この本があなたにもたらすもの。それは……、

「職場など何かしらの人間関係で不安や問題を抱えている」
「なぜ、あの人は私の言うことを聞いてくれないのか」
「いつも言いたいことが相手に伝わらなくて悔しいと感じてつらい」
「どうして、私のことをわかってくれないのだろう」
「本当の自分はもっとできるはずなのに」

これらのあらゆる悩みを解決する「人生を思い通りにする伝え方」、つまり「科学

的に人の心を動かす方法」です。

本書をこのまま読み進めていただき、今日できることから行動を変えていただければ、あなたが**「理想とする自分」**と**「理想とする毎日」**に、どんどん近づいていきます。

悩みの9割は人間関係によるものとされる現代の社会。職場、仕事関係、恋人、家族、友人、地域コミュニティ、SNS……。「それらのどこにも悩みなどない」という人はいないでしょう。

そうした**人間関係が難しいのは、相手がいるから**です。

そう、自分だけではどうにもならないのです。

たとえば、相手によかれと思ってしたことが、余計なお世話になることもあるし、遠くから見守っているほうがいいと判断して、そう振る舞ったら、相手はそれを冷たい態度と受け取って機嫌を損ねることもあるわけです。

人は一人ひとり感性も違えば、価値観も違う。物事に対する見方も考え方も、人それぞれです。想いに行き違いが生じるのは当然のこと。

しかし、実は**「どんな相手でも自分の思い通りに動いてくれる伝え方」**は存在するのです。

科学的に「人の心を動かす」驚異の手法とは

たとえば、あなたの周りに、こんな人はいませんか？

「いつも話の中心にいて、なぜか誰からも頼りにされている」
「〝あの人の言うことだったらやってみよう〟と信頼されている」
「次々と周りが助けてくれて、自分のやりたいことを実現していく」
「会話をするだけで、やる気が出てきて前向きになれる」
「〝あの人のお願いならば……〟と特別扱いされる」

わかりやすくお伝えすれば、**本書に書かれていることを実践するだけで、こうした周囲が自然と味方になってくれるような人物になることができます。**

私は「好きな時に、好きな場所で、好きなシゴトをする個人を創る」をコンセプトに、独立・起業したい人はもちろん、経営者、弁護士、税理士、アナウンサー、モデル、舞台女優、プロスポーツ選手、デザイナーなど、延べ1万人以上の方々にアドバイスをしてきました。

そして実際に、その多くの方々が、周りにいる人を次々と味方にして、夢を実現したり目標を達成するなど、自分の人生を思い通りにしていったのです。

その私のクライアントへのアドバイスの仕方こそ、私が長年研究してきた**心理学や脳科学に裏付けされた「科学的に人の心を動かす伝え方」**になります。

つまり、**相手の人生さえも変える方法**です。

詳しくは本書で解説しますが、私たち人間は、どんなに論理的に正しいことを言われたとしても、「感情」が同意していなければ、真に受け入れることはできません。

そのため、まずは次の**「人の心を動かす3つの絶対条件」**を理解する必要があります。

①話を聞くに値する人と思われる日常での振る舞い
②相手に「安心感」を与える
③相手の「自己重要感」（承認欲求）を満たす

そのうえで、あなたが伝えようとしているアドバイスや指示に**「相手が〝自分で気づいた〟という錯覚を作り出す伝え方」**こそが重要になってきます。

今日からすぐに使えて効果のある再現性の高い方法をあなたに

本書では、単純に「こういうふうに伝えればいいよ」というレベルではなく、1万人以上が実践し、確実に効果を得た非常に再現性の高い手法のみをまとめ、誰もが行動に落とし込める形で紹介していきます。また、今日から実践できる**科学的に人の心を動かす伝え方の「神トレーニング」**（神トレ）と、「科学的に人の心を動かす会話の事例」も多数掲載しています。

第1章では、**「科学的に人の心を動かす絶対条件」**をテーマに、先述した3つの項目についての具体的な手法を解説します。加えて、人間の感情と欲求のメカニズムも理解できるようになります。

第2章では、**「あらゆる人間関係の悩みが消える伝え方」**について、具体的なコミュニケーションの事例を交えて、実践形式でお伝えしていきます。「人の悪口を言わないほうがいい」科学的な根拠であったり、**「好意の返報性」**という心理的効果をフル活用する方法などが満載です。

第3章では、**「自然と味方が生まれ、誰からも好かれる伝え方」**を紹介します。**相手の「ミス」を「成長」に変える新基準の会話術**、人生を好転させる**「ポジティブ・ゴシッピング」**など、心理学に裏付けされた科学的な手法をお伝えします。職場、子育て、夫婦、恋人、お客様など、あらゆる場面で活用することができます。

第4章では、**「相手が自分の思い通りに動いてくれる新世界へ」**というテーマで、あなたが伝えようとしているアドバイスや指示に**「相手が〝自分で気づいた〟と思い込むという状況を作り出す」**具体的な方法について順を追って解説します。**「否定をしない」「気づかせる」「答えを言わない」「正さない」**など、簡単なのに効果抜群のメソッドを数多く掲載していきます。

第5章では、ついに**「相手の人生を変える究極の方法」**をお伝えします。これまでに私が多くの方々の人生を変えた、そのエッセンスを一気に公開します。本書のタイトルにある、まさに奇跡の**「神トーーク」メソッド**になります。

実際に「神トーーク」を活用するとどうなるのか？

どんなに人見知りの人でも、口下手の人でも、**周囲の人々があなたの味方となり「自分で考えて動く」ようになる**のが本書の「神トーーク」になります。

実際に私が本書にある方法を教えて、成果を出した方々が続出していますので、その一部をご紹介します。

「夫婦関係が悪く、育児にも悩んでいて、ぼんやりと離婚も考えていましたが、思い切って、星さんの講座を受ける決意をしました。学んだことをすぐに実践してみると驚きの連続。**「褒める→アドバイス→褒める」で伝えると、これまで言うことを聞いてくれなかった子供たちが自分の頭で考えて行動を起こすようになった**のです。さらに、相手の自己重要感を高める会話で夫とのコミュニケーションも劇的に改善し、**人間関係の不満や悩みから解放**されました。今は幸せを実感しています」

（40代　女性）

「上司からはノルマを達成するようにガミガミ言われ、部下からは仕事の改善を求められ、ストレスにより『鬱《うつ》』になり療養することに。そんな時に、書店で**『神メンタル』**と出会い、すぐに星先生に会いに行きました。そこで職場の悩みを相談したところ、**科学的に人の心を動かす伝え方を学ぶ機会を得る**ことができました。星先生から得た学びを活かすべく、**相手が自ら成長してくれる『人の育て方』**を実践したところ、部下が自分から率先して動くようになり、信頼性も高まって、これまで以上の成果が出たのです。営業や交渉も得意になり、大型の契約が取れるようになりました。働くことが楽しくなったので本当に感謝しています」

（30代　男性　会社員）

「私は、人と話すのが苦手、初対面や知らない人だと気まずくなる、沈黙がこわいという、いわゆる人見知りでした。そのことで、いつも**自分の想いが伝えらなくて悔しい**と思っていました。でも、星さんと出会い、伝え方と話し方の本質を学ぶ機会をいただきました。この本にある**『チャンクサイズ・コントロール』**や異なる意見の相手とも同調できる「魔法の言葉」を教えていただき、今ではどんな相手でもうちとけられるようになりました。おかげで**『好きな時に、好きな場所で、好きなシゴトをする生き方』**を実現しています」

（30代　経営者）

これは、ほんの一部です。これであなたも、「科学的に人の心を動かす」と、どんな素敵な未来を手に入れることができるのか、そのイメージができてきたのではないでしょうか。

まさに、本書のタイトルでもある**「伝え方しだいで人生は思い通り」**なのです。

一気に生活のすべてを変える必要はありません。
あなたが無理なくできることから始めてみてください。
さあ、今日からあなたの新しい人生がスタートします。
人生に遅すぎるという言葉はありません。
あなたが幸せになる権利は誰にも奪うことはできません。
しかし、自ら、つかみにいく必要はあります。

それでは、あなたの人生を変える第一歩をこれから共に踏み出しましょう。

神トーク　「伝え方しだい」で人生は思い通り　目次

第2章 あらゆる「人間関係の悩みが消える」伝え方 51

第3章 自然と味方が生まれ「誰からも好かれる」伝え方

第5章 相手の人生さえも変える「究極の神トーク」 221

第1章

科学的に「人の心を動かす」絶対条件

あなたの影響力を簡単に測るテスト

突然ですが、ここで今のあなたの「影響力」を測ることができるテストをします。
次の質問に対して、「はい」か「いいえ」で答えてみてください。

1　あなたは、他の人から見て「あなたのアドバイスなら従うべきだ」と思ってもらえる存在である

□はい　□いいえ

2　相手が話し終える前に、自分の意見や考えを話し始めたことはない

□はい　□いいえ

3　これまで、自分にとって不利益なことをされた時に怒ったことはない

□はい　□いいえ

4　人の話を聞く時に、腕を組んだり、足を組んだりしたことはない

□はい　□いいえ

5　一度会ったことのある人の名前はすべて覚えている

□はい　□いいえ

6　職場の部下やスタッフ、お客様などから「あなたには何でも話してしまう」と言われたことがある

□はい　□いいえ

7　相手の話を聞く時に大事なのは、話が終わった後の「感情が伴った」大きなリアクションである

□はい　□いいえ

8　毎月、何かしらの記念日や誕生日などで、人にプレゼントを贈っている

□はい　□いいえ

9　最近、他の人のいい噂を流した

□はい　□いいえ

10　アドバイスをする時は、状況を的確に把握して細かくアドバイスをする

□はい　□いいえ

さて、いくつ「はい」をつけることができたでしょうか。

ここで挙げた項目は、どれもが「伝え方しだいで人生を思い通りにする」うえで重要な要素になるものばかりです。

10個すべてに当てはまった人は、とても素晴らしいです!!

……と言いたいところなのですが、**実はこの中には1つだけ、〝当てはまってはい**

けないもの〟があります。これをしてしまうと、その時だけはいいかもしれませんが、それを続けることで、気がつけばこちら側が相手に縛られ、ストレスを抱えて思い通りに生きる姿とは程遠い状態になってしまうのです。

当てはまってはいけない項目……それは最後の**「アドバイスをする時は、状況を的確に把握して細かくアドバイスをする」**です。

なぜ、これがいけないのか？
なぜ、これでは「人の心を動かすこと」ができないのか？

本書では、こうした科学的に「人の心を動かす」メカニズムを解き明かしていきます。
今すぐ答えを知りたい人は１７４ページへ！

継続は「やる理由の明確化」から始まる

この本を読み進めるあなたに対して、私は〝単なるノウハウ〟をお伝えしようとはまったく思っていません。それは〝この本を1冊読む〟ことに、あなたが貴重なお金と時間を投資していることを、十分に理解しているからです。

「最後まで読んでみて〝なるほどねー〟とは思ったけど、別に日常には大した変化がない」

……そんな本ではなく、**あなたの人生、日常に変化を起こす本**をお届けしたいのです。

そのためには、まず私たち自身が、いくつか「整理」をしなければいけないことがあります。この「整理」を経て、知識を手に入れることにより、本書でお伝えすることがただ単に「本に書いてある知識」から「実際に日常に変化を起こしてくれる武器」に変わるのです。

私はこれまで、経営者、起業家、医師、アスリート、音楽家、一部上場企業のエリート社員、アナウンサー、女優、客室乗務員、弁護士、税理士、政治家など、さまざまな立場の方々から、ありとあらゆる相談をいただいてきました。勉強会や講演会だけでも1万人以上の方々にご参加いただきました。

そして、どんな方々からのご相談であっても、最初にこんな質問をします。

「なぜ、それをやりたいのですか?」
「なぜ、それを実現したいのですか?」

この質問を最初にする理由は、単にノウハウを伝えるのではなく、クライアントの日常に「変化」を起こすためです。

当然ですが、アドバイスやお渡しする知識を、クライアントが実行=行動しなければ日常に変化は起きません。そして、本当の意味で「人生を思い通りに」するためには、単純に行動すればいいわけではなく、行動し続けることが求められます。

新しい行動を起こすことで、うれしい変化が起きることもあれば、うまくいかないこともあるでしょう。うまくいかないからといって、すぐに新しい行動をやめてしまっては、結局は何も変わらず、今のままです。

そんな時に、私たちが行動し続けるための心の支えとなるのが、**「なぜ、やりたいのか？」「なぜ、実現したいのか？」そして、「なぜ、この本を手に取ったのか？」という「やる理由」**です。

あなたがこの本を手に取った理由は何でしょう？

- 仕事で大きな成果を挙げて評価されたいから
- 苦手な上司を味方にしたいから
- 職場での人間関係を良好なものにしたいから
- 部下や後輩をうまくコントロールできるようになりたいから
- 人を育てる立場にあるから
- 好きな異性に振り向いてもらいたいから
- とにかくモテたいから……

どんな理由でもかまいません。

この本を手にした理由を明確にすることで、この本を読むことが〝単純な読書〟で終わるのか、〝あなたの日常に変化が起きる出会い〟となるのかが決まります。

今ここで**「なぜ、この本を読むのか？」**という理由を明確に書き出してみてください。

【質問】 あなたはなぜ、この本を手に取ったのですか？

日常に変化を起こす「場面の設定」とは

次に、この本に出てくる「人の心を動かす」ための知識を「どの場面で使うのか？」を、あらかじめ想定しておきましょう。

「この人がこう動いてくれたらいいのにな」「この人がもっと協力的だったらいいのにな」と思うことを、きちんと明確にしておく必要があります。

本を読んで学びになる内容だったけど、日常で実行するまでには至っていない。

あなたもこのような経験したことはないでしょうか？

「日常のどの場面に活かしたいのか？」を想定せずに、「ただ単に本を読むこと」が目的となっていては、どんなに読書を重ねても同じ毎日は変わりません。

私が望むのは、この本を最後まで読んでもらうことではなく、**「この本の内容をあ**

なた自身の日常で活用していただき、あなたの毎日が少しでもよいものになっていく」ということにほかなりません。

そのためには事前に日常のどの場面で活用したいかを想定する必要があるのです。**日常で、すぐに活かせることがあれば、すぐに本を閉じて実行してください！**

あなたはこの本でお伝えする「科学的に人の心を動かす方法」を、どんな場面で誰に対して活用していきたいと思っているでしょうか？

- 職場で人の意見をまったく聞かない上司が自分の話を聞いてくれるようになる
- 家事をまったく手伝ってくれない旦那様が家事に協力的になる
- 勉強をなかなかしない子供が自ら進んで勉強するようになる
- お見合いで自分が好印象を持った相手から気に入ってもらえる
- やる気のない部下がやる気を出して成果を出してくれる

どんな場面でもかまいません。あなた自身が活用したいと思っている場面、そして望む結果を書き出してみてください。

【質問】あなたは「人を動かす」方法をどんな場面で、誰に対して活用したいですか？
そしてその結果、相手がどのようになってくれたら、うれしいですか？

「なぜ、この本を手に取ったのか？」

「本書の内容を、日常のどんな場面で誰に対して活用したいのか？」

これらが明確になったところで、この本を読むことであなたの日常が大きく変化する準備は、もう8割は整いました。

あとは、自分自身で使えるものがあったら「本を閉じて即実行」、迷わずに行動してください。何度も言いますが、大切なことは本書を最後まで読むことではありません。**あなたの日常が変わること**です。

それでは、さっそく具体的な「人の心を動かす」メカニズムの話をしていきましょう。

なぜ「日常の姿を整える」だけで影響力が高まるのか

「『人の心を動かす』ためのテクニックや法則というものがあるか？」と聞かれれば、私は「ある」と答えます。

これまで多くの経営者や起業家、大企業の方など、「多くの人に対して影響を与える立場」の方々にアドバイスをしてきた経験からも、どのようにコミュニケーションを取れば、あなたの周りにいる人たちが、あなたの言葉に耳を傾け、その言葉を実行してくれるのか？　という答えはもうわかっています。

しかしその半面で、同じテクニック、同じコミュニケーション方法を取っているにもかかわらず、相手の心を動かすことができないというパターンもあります。

私たちが最初に知らなければならないのは、人を動かすテクニックではなく、人の言うことを聞いて動きたくなる**「根本的な感情のメカニズム」**です。

これについては、冷静に私たちの日常を振り返ると、たくさんのヒントが隠されています。あなたの日常を思い返してみましょう。

あなた自身が日常のさまざまな場面で、「この人の言うことやアドバイスなら聞いてもいいかな」と思う人は、どんな人物でしょうか？

その人が持っている特徴を5つ挙げてみてください。

【質問】　あなたが日常で「この人の言うことやアドバイスなら聞いてもいいかな」と思う人は、どんな人ですか？

・・・・・

さて、どんな特徴が思いついたでしょうか？

・正直な人
・行動力がある人
・失敗から逃げない人
・人の悪口を言わない人
・思いやりがある人
・言っていることが変わらない人

・約束を守る人
・嘘をつかない人
・誤りを素直に認めて謝罪できる人

さまざまな要素が出てきたのではないでしょうか?

ここで、もう1つ質問をします。

【質問】　あなたが先ほど挙げた「この人の言うことやアドバイスなら聞いてもいいかな」と思える人の要素5つを「あなた自身」は満たしているでしょうか?

これは、「満たしているからいい」とか「満たしていないからダメ」という話ではありません。

人の心を動かすための大原則は、コミュニケーションの取り方やテクニックではなく、〝自分自身の日常の姿〟がすべての土台になっているという事実を認識すること。

たしかに、「人の心を動かす法則」はあります。そして「人の心を動かすコミュニケーションの取り方、テクニック」もあります。

しかしそれらは、「あなたの日常の姿」という土台がしっかりしているからこそ成立するものなのです。

つまり、自分自身が**「この人の話ならば聞こうと思える言動を日常でとっている」「話を聞くに値する振る舞いをしている」ことこそが、すべての「人の心を動かすメカニズム」の土台となる**わけです。

ただ、もしかしたら「自分はすごい人間じゃないから、そんなのそもそも無理」とあなたは思っているかもしれません。

でも、大丈夫です。自分が「どんな人の話であれば耳を傾けるか」を考えてみればいいだけです。

まず相手が耳を傾けてくれさえすれば、そこからは人を動かすコミュニケーションの取り方によって、相手はあなたの意図するように動き、あなたの味方となってくれます。いくらテクニックを使おうとしても、そもそも話を聞いてもらえなければ、何も始まりません。

自分自身の日常での振る舞いや言動は、あなたが思っている以上に自身の信頼、人望、影響力に大きく関与しています。

カナダのウィルフリッド・ローリエ大学の研究では、ある友人グループに対して**日常での発言や行動に「一貫性を持たせること」を増やすように指示したところ、グループ（対人）間の親密度と信頼が増した**、という研究結果があります。

反対に、仲のいいグループでも「一貫性のない」発言や行動をした場合は周りの反感を招き、そのメンバーへの好感度が低下することもわかっています。

伝え方しだいで人生を思い通りにするためには、テクニック以前に、私たちの日常での言動を顧《かえり》みる必要があるのです。

- 頭ごなしに否定するのではなく、まずは相手の事情をしっかり聞く
- 時間にルーズなところがあるため、約束した時間は公私ともに絶対に守る
- これまで以上にみんなの先頭に立ってチャレンジをする……など

ここで、あなたが日常で改善したいと感じていることを書き出してみてください。

もし、あなたが伝え方しだいで人生を思い通りにする影響力や環境を手に入れたいと思うのであれば、**「○○という部分があるから、それを△△に変える」**と具体的に書いてください。たとえば、「話の途中でも相手をさえぎって自分の意見を言う時があるから、最後まで話を聞く」という形です。

【質問】今よりも周囲の人たちに耳を傾けてもらうためには、自分のどんな部分を変えるべきでしょうか？

「感情と欲求の関係性」と「人の心が動くメカニズム」を理解する

人の心を動かす土台となる「私たちの日常の行動や言動」を整えたら、次は人の心を動かすメカニズムを理解すれば、伝え方しだいで私たちの人生は思い通りになります。

そのためにまず理解しなければならない事実があります。

それは、**私たち人間は全て感情によって動いている**ということ。

あなたにも、こんな経験はないでしょうか？

「相手の言っていることは正しい。でも、感情的に許せない」

「相手に対して怒りを感じている時は、相手の発言を素直に受け入れられない」

もちろん私も経験したことがあります。

私たち人間は、どんなに論理的に正しいことを言われたとしても、「感情」が同意していなければ、真に受け入れることはできないのです。

そのため、人の心を動かしたいのであれば**「感情と欲求の関係性」**を正しく理解する必要があります。人間の感情には、嬉しい、悲しい、怖い、寂しい、楽しい……といった、さまざまなものがあって、それと同時に、私たちには「こういう感情を感じたい、満たしたい」という欲求が存在します。

だからこそ、「こんな気持ちになりたい」といった自分が求めている感情を得られる場所に行こうとしたり、その感情を得られる人の元に集まったりするわけです。

よって、**多くの人が「満たしたいと思っている感情」を満たすことができる人に私たちがなれば、自然と私たちの元に人が集まり人望と影響力を得ることにつながっていきます。**

では、私たち人間はどのような欲求を持っているのでしょうか？

アメリカの心理学者アブラハム・マズローは、「人間は自己実現に向かって絶えず成長する」と仮定し、**欲求五段階説**という形で、人間の欲求が5つの階層に分けられることを解き明かしています。

1つめは**「生理的欲求」とされる「生きていくうえで必要な欲求」**。

たとえば、「お腹空いたからご飯を食べたい」「眠いから寝たい」「喉が渇いたから水を飲みたい」といった、生きていくうえで必要なものを満たしたい欲求です。

2つめは**「安全の欲求」**。

さきほどの「生理的欲求」が満たされると、次に私たち人間が考えることは「安全」についてです。安全とは、「自分に対して危険が及ばないか、攻撃されないか」ということ。

具体的には、雨風をしのげる家を確保するなどの「身の安全」が挙げられますが、本書の「人の心を動かす」という観点から注目してほしいのは、**「身の安全だけではなく、〝心の安全〟も含まれる」**という点です。

「心の安全」とは、誰かに攻撃されて自分が精神的に傷つかないかどうかということ。そもそも「安全の欲求」とは、「守られたい・安心したい」という欲求なので、たとえ、身の安全が確保された雨風がしのげる家に住んでいたとしても、毎日、職場で誹謗中傷をされたり、SNSで攻撃され炎上している状態では、真の安全を実感することはできません。

一方で、「心の安全・安心」が満たされていても、家がない状態では身の安全が満たされない。つまり、**安全の欲求を完全に満たすには「身の安全」と「心の安全」の両方ともを満たす必要があるわけです。**

人間の欲求には順番がある「マズローの欲求五段階説」

生命を維持するために必要な「生理的欲求」と、身の安全と心の安全を感じたい「安全の欲求」。これらが満たされると、次に私たち人間が求めるもの。それは、あのアップル社を創業したスティーブ・ジョブスが死ぬ間際に、ここの部分をもっと大切にしておけばよかったという趣旨の言葉を残した**「所属と愛の欲求」**です。

「所属と愛の欲求」と文字だけ見ると、難しそうに感じますが、簡単に言うと**「誰かと一緒にいたい」「人とつながりたい」「誰かと関わっていたい」という欲求**のこと。

「所属と愛の欲求」含め、これまでの欲求をわかりやすくお伝えするため、たとえば、こんな場面を想像してみてください。

会社の寮に住んでいるあなた。朝起きていつも通り会社に行くと「今日でクビね」といきなりのクビ宣告。さらに「君は今日でクビだから寮の荷物も全部処分しておいたから。よろしくね」と言われる始末。そんなあなたの貯金金額は0円、財布には1000円のみ。

さて、もしそんな状態になってしまったら、何に優先的にお金を使うでしょうか？

最初に思いつくのが、食料を買うことだと思います。これが「生理的欲求」にあたる部分になります。あなたは近くのパン屋さんでパンの耳を安価で大量に購入することができました。

次に考えるのは「安心して今日寝られる場所の確保」についてです。

つまり「安全の欲求」。しかし、寝ることができれば、どこでもいいかと言われたらそうではないと思います。**「身の安全」と「心の安全」の両方が満たされる場所を望むはずです。**雨風はしのげるが、誰かに襲われるかもしれないような野外など、精神的に安心できない場所は望まないでしょう。

そうして、あなたは今まで住んでいた街は遥か彼方へと離れてしまいましたが、なんとか無事に身の安全も心の安全も満たされる場所を確保して、新しい職も得ました。

マズローの欲求五段階説

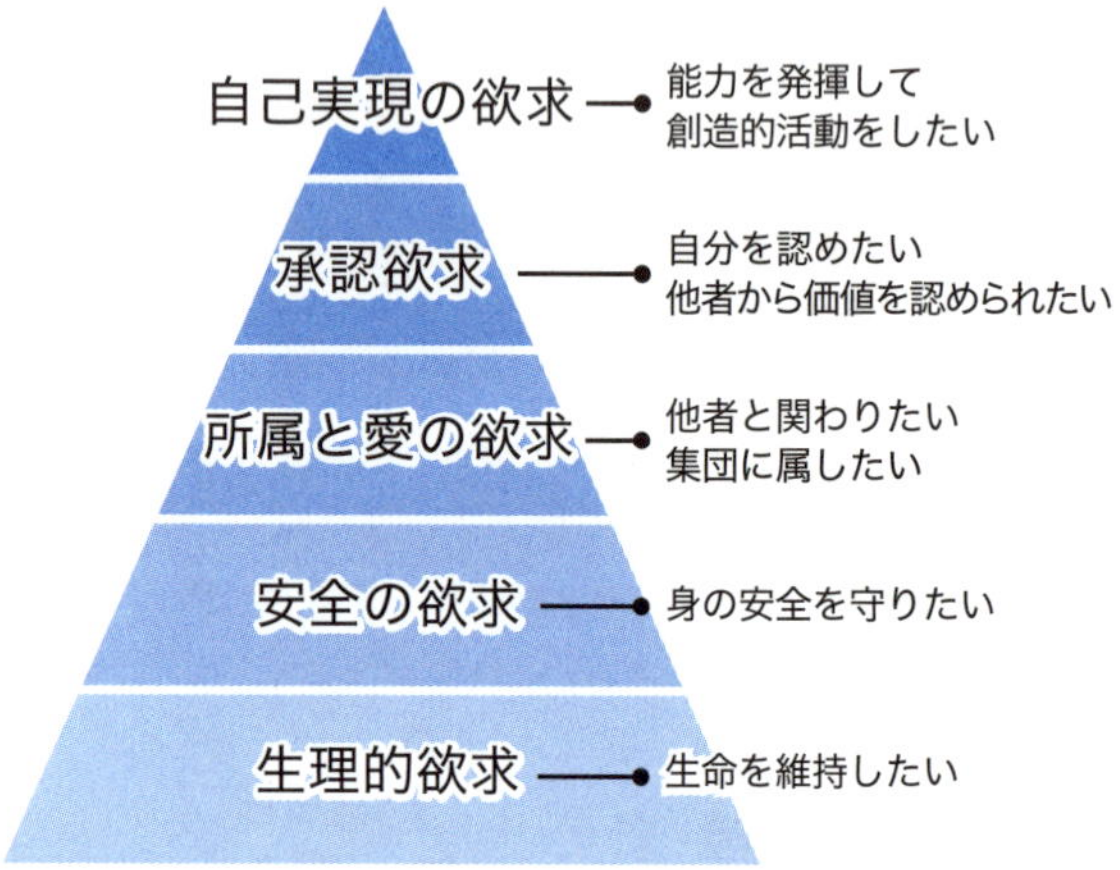

知り合いもひとりもいない街で過ごし始めたあなたは、しだいに「ひとりじゃつまらない」「友達や恋人がほしい」と誰かとつながりたいと思うようになります。

これが**「所属と愛の欲求」**なのです。

この「所属と愛の欲求」を満たすべく知り合いが増えていくと次に待っているのが**「承認欲求」**。新しくつながった人たちから自分の存在価値を認めてもらいたい、すごい存在だと思われたい、さらには自分でも自分のことをすごい人間だと思いたい感情です。

自分がつながっている人たちから「あい

つはすごいな」と認められて自分に自信が持てるようになり「承認欲求」が満たされると、今度は「夢を叶えたい」「能力を発揮して創造的な活動したい」と自発的に思うようになり、これが最終的にたどり着く**「自己実現の欲求」**です。

相手の感情を満たす「本能的な3つの要求」

さて、何の話をしていたのかというと「人は何で動くのか？」でしたね。話を少し戻しましょう。人が動くのは「何に反応して」でした？

そう、**「感情」**です。

そして、その「感情」とは私たちの欲求と密接につながっていて、「こういう欲を満たしたい！」という感情が人を動かし、人は自分の欲求が満たされる場所、自分の欲求を満たしてくれる人を求めて動きます。

つまり、私たちが多くの人々の欲求を満たせる人間になれば、私たちの元に人々は集まりますし、自分の欲求を満たしてくれる人間の話であれば聞こうとなり、自然と影響力を持つことになるのです。

これまでの話をまとめると、私たち人間が持つ欲求は、**「生理的欲求」「安全の欲求」「所属と愛（つながり）の欲求」「承認の欲求」「自己実現の欲求」**でした。

本書のテーマは「人の心を動かすメカニズム」ですので、ここで考えるべきは、この5つの欲求に対して、私たちが「伝え方やコミュニケーションで満たせる欲求」はどれになるかということです。

この5つのうちあなたは、どの欲求であれば、伝え方やコミュニケーションで満たすことができると思いますか？

最後の**「自己実現の欲求」**は、「自発的に」自分がこうなりたいと感じるものですから、伝え方どうこうの話ではありません。そして、最初の**「生理的欲求」**についても、「空腹だからご飯を食べる」「眠いから寝る」というものですから、こちらも伝え方は一切関係ありません。

では**「安全の欲求」**はどうでしょうか？

安全の欲求は「身の安全」と「心の安全」がありました。雨風をしのぐような「身の安全」のほうは、やはり伝え方は関係ありません。しかし、「心の安全」は、まさに伝え方・話し方で満たすことができます。

「誰かとつながりたい」「ひとりはつまらない」という**「所属と愛の欲求」**も、誰でもつながることができればいい、というわけではありません。この人とつながりたいなと思う人と関係を構築しようと考えます。言い換えれば、**「つながりたい」「関係を構築したい」と思える人であることが相手に伝わらないといけないわけです。**

また、つながりたいと感じる理由は、安全が確保されているからです。極端な例でいえば、会うたびに毎回脅迫してくるような人とはつながりたいと思いませんよね？ そして、その判断に、伝え方・話し方は大きな影響を与えることになります。

「承認欲求」については、相手を認めることですから、まさに伝え方やコミュニケーションで大きく満たすことができます。

ここまでの話を整理してみますと、伝え方で満たすことができる人間の欲求は、全部で3つあることがわかりました。

- **心の安全を求める「安心欲求」**
- **安心できる人とつながりたい「所属と愛（つながり）」の欲求**
- **認められたい「承認欲求」**

「安心欲求」と「所属と愛（つながり）」の欲求は、「安心したい」という思いが根底にありますから、「安心感」という言葉でひとつのグループとすることができます。

そして、「承認の欲求」＝「自他共に認められる存在でありたいという願望」は、わかりやすく言えば、**「自分は価値がある存在なんだ」という「自己重要感」を得たい**ということになります。

そのため、「自己重要感」を損なわれるようなことがあると、この「承認の欲求」は満たされなくなってしまい、そこには「反発」や「対抗心」などが生まれます。つまり、「承認の欲求」を満たすためのキーワードは「自己重要感」となるわけです。

さあ、私たちが「人の心を動かす」ために、コミュニケーションによって満たすべき相手の欲求が何なのか、満たすことができる欲求は何なのか、それらのヒントが見えてきたでしょう。

キーワードは、「安心感」と「自己重要感」。私たち人間は、他者とのコミュニケーションを通じて、**この2つを感じたいと思い、また、この2つを失いたくない、傷つけられたくない**と思っています。

日々、関わる人に「安心感」を与えて、相手の「自己重要感」を満たすことができれば、もう私たちは人の心を動かすことができるのです。日常の生活の中で思い通りに人の心を動かしたいのであれば、心のメカニズムにおけるキーワードは理解できました。

次の章では、「安心感」と「自己重要感」をどのタイミングで、どんな伝え方をすれば満たすことができるのか？　その具体的な方法をお伝えしていきます。

第１章のまとめ

▼これからの人生において、本を読む際に「読書の理由」を明確にする。

▼テクニックよりも先に身につけるべきことは、話を聞くに値する「人としての振る舞い」である。

▼「この人の話であれば聞こうと思う特徴５つ」を実践する。

▼人の心を動かすキーワードは「安心感」と「自己重要感」である。

▼私たちは「安心感」と「自己重要感」を他者との関係性の中で満たしたいと本能的に思っている。

▼人の心を動かす３つの絶対条件――①話を聞くに値する日常での振る舞い、②相手に「安心感」を与える、③相手の「自己重要感」を満たす。

第2章

あらゆる「人間関係の悩みが消える」伝え方

人類を生き残らせた「心の仕組み」

この章では、科学的に「人の心を動かすメカニズム」のキーワードのひとつ「安心感」の満たし方について解説していきます。

私たち人間が大昔から求めている欲求、それが「安心感」です。

極端な話ですが、我々人類は「安心感」を求め続けて進化してきました。「安心感を得たい！」という欲求は、DNAレベルで私たちに刻まれているのです。

私の前著『神メンタル「心が強い人」の人生は思い通り』で詳しく解説しましたが、**人間の脳がもっとも重要だとしていることは「死なないこと」**。つまり「生存すること」です。

生存することを最重要事項と捉えている脳は、死なないための「安心感」を求めます。だからこそ、**安心感を得られる人のところに人は集まり、人望も信頼も得て、異性からもモテたりもするのです**。

私たちの脳が潜在的に「死なないこと」を最優先に考えるのは、かつて人類が外敵からの攻撃がいつ来るかわからない時代を生き抜いてきたからでしょう。しかし、今の時代は、石器時代のようにマンモスに襲われることもありませんし、いつ敵が攻めてくるかわからない戦国時代などとも、状況が大きく異なります。

では、現代における「安心感」とは具体的にどのようなものでしょうか？

それは**「精神的な安心感」**つまりは「心の安心」です。

「ここにいると安心する」
「この人と話していると安心する」
「この人がそばにいてくれるだけで安心する」……そんな感情のことです。

ここであなたに、これまでの人生を振り返って思い出し、考えてみてもらいたいことがあります。

それは、あなた自身が**「どんな人に安心感を覚えてきたか？」**ということです。

あなたは「どんな人に」「どんな場面で」「どんな言葉によって」安心感を得たでしょうか？

過去の例でもかまいませんし、今、自分が「こんな人に安心感を覚える」という人でもかまいません。あなたが安心感を覚える人の特徴、条件、過去の経験を書き出してみるか、思い浮かべてみてください。

【質問】　あなたが誰かに安心感を覚えたのはどんな時でしたか？　あなたが安心感を持って話せる人はどんな人でしょうか？

……さあ、どんな答えが出てきたでしょうか？

それらがどんな内容であったとしても、大切なのは**「自分自身がその特徴、条件を満たしているかどうか」**です。

ここからは、相手の安心感を満たす実践的な方法をお伝えしていきます。

どんなことでも「絶対に否定をしない」と決める

では、逆に人が「安心することができない」「安心感が損なわれる」のは、なぜでしょう？

あなたの日常を思い返してみて、こんな人はいないか考えてみてください。

- 何か発言をすると、第一声が「それは難しいよ」などと意見を否定する人
- 「それは違う」と真っ向から否定をする人
- 相手の存在自体も否定するような発言をする人

ここで言う「安心」とは、「精神的な安全」です。つまり、「安心することができない」のは、相手に何か伝えることで、否定されたり、つながりが切れてしまったりしないだろうか？　という精神的な怯《おび》えがあるからです。そう、私たちは皆、**「否定されること」が怖い**のです。

否定されると、人は傷つきます。そしてその経験から、また傷つくことを無意識的に避けるようになります。これは、脳における記憶のメカニズムからも言えること。**私たちの脳は、記憶すべきことと、忘れてもいいことを常に選別しています。**ほとんどは忘れてしまうようにできているのですが、記憶に残すかどうかの判断基準の1つとして**「強い感情が伴っているか」**というものがあります。「強い感情が伴う出来事=自分にとって重要な出来事」と判断するため、記憶に残る。これを**「情動的記憶」**と言います。

誰かに否定されると、負の強い感情が伴うため、記憶に残りやすくなると言われています。記憶に残るということは、あなたの印象がいつまでも相手に残り続けるということです。この人は私のことを否定する人だと。ですから、あなたが誰かに相談事やアドバイスを求められた時に、相手を否定するような発言をすると、もうあなたのもとには、誰も相談やアドバイスを求める人が来なくなります。

そう、それは**〝傷つきたくない〟**から。

たとえばあなたが、何かに悩んでいる部下の直属の上司だったとして、あなたがいつも相手の伝えてくることを「否定する」人だったら、部下は〝傷つきたくない〟から、あなたに報告や相談をすることをやめます。そして、事態が本当にどうしようもなくなった時に、仕方がなくあなたに報告をしてくる……そんな取り返しのつかない最悪のパターンに陥るのです。

国際動物愛護団体である「SPANA」が、イギリスの会社員2000人を対象に「嫌いな上司の特徴」について調査を行いました。その結果、圧倒的な1位となった特徴が**「コミュニケーションを取らない」**だったのです。「コミュニケーションを取らない」というのは、「コミュニケーションを取りたくない」も含まれます。否定する人とは、コミュニケーションを取りたくないのは人間であれば当たり前のことですよね。

あなたが日常で関わる人との会話、関わり方はどうでしょうか？

ここで、まずは**どんなことでも「絶対に否定をしない」**と決めてみてください。

そして、周りがあなたを「どんなことも否定しない人」と認識していることを想像して、次の○○にあなた自身の名前を入れてください。

「○○さんなら、大丈夫。絶対に私たちのことを否定なんてしないから」

さあ、こう認識されることであなたは周りからどのような存在になるでしょうか？
あなたの周りの人の対応はどう変わるでしょうか？

どんなことを相談しても、この人は私のことを否定しないで話を聞いてくれる。
あなたの周囲がそう認識すれば、「安心感」うんぬん以前に、まずはあなたに話してみようという気になるはずです。

この人に相談やアドバイスを求めても否定されることはない。身の安全も精神的安全も満たされる場所と認識される……すると、あなたのもとには**人と情報が集まるようになります**。

これこそが、**「伝え方しだいで人生は思い通り」**という図式。

私たちが人を動かす影響力を持つうえで大切なのは、相手の安心感を満たしてあげること。そして、安心感を満たすすべての原則の土台となるのが、**「絶対に否定をしない」**ということなのです。

ただし、「絶対に否定をしない」というのは「相手の意見をすべて受け入れる」という意味ではありません。自分の意見は持ちながらも、「相手はこういう意見や考えを持っているのだ」と受け止めてあげるだけでいいのです。

「受け入れる」のではなく「受け止めてあげる」。

要するに、否定をしないで最後まで聞く姿勢を保つことで、相手は安心感を覚えてくれるわけです。

相手の意見を否定しないで最後まで聞いたとしても、やはり相手の考えとは違うアドバイスや指示をしなければならない場面も当然あります。その場合は、まずは否定をせずに話をすべて聞いてあげたうえで、その後でアドバイスをするのです。

相手に安心感を与えてからのアドバイスであれば、相手も自然と耳を傾けてくれる。

第一声から「それは違う」「えっ？　そんなの無理でしょ」などの否定する言葉を発している人は、安心感を与えるどころか嫌われてしまうので要注意。否定する言葉ではなく、「そうなんですね」「そう思っているんですね」といった「あなたの考えを理解しました」という趣旨が伝わる反応をしてみてください。

人の心を動かす「神トレ」

今日1日、相手を否定する言葉を使わずに過ごしてみよう。「でも」「だって」「えっ?」など逆接的な意味がある反応や言葉も禁止です。そのかわりに「そう思っているんですね」など、あなたの考えを理解しましたという反応をしてみよう。

「最後まで相手の話を聞く」だけで人気者になれる

相手に「安心感」を与える方法として、「絶対に否定をしない」こととセットで行うと、相手に絶大な安心感を与えることができる最強のメソッドがあります。それは、誰もが一度は「これが大切だ」と言われたことがあるにもかかわらず、実行できている人が圧倒的に少ない行動。

そう、**「最後まで（相手の）話を聞く」**ことです。

「絶対に否定をしない」＋「最後まで話を聞く」

これを実行するだけで、あなたはあなたと関わる人に絶大な安心感を与えることができます。そして、その絶大な安心感は、そのまま「あなたの人望」となるのです。

もしあなたが「誰かにアドバイスして相手にその通りに動いてもらいたい」「あなたのアドバイスを素直に実行してもらい、成果を挙げてもらいたい」と思っている場合は、特にこの「最後まで話を聞く」が重要になってきます。

なぜなら、人は**「自分の考えていることをすべて吐き出さないと、新しい考えを納得して受け入れることができない」**からです。

これは新しいアドバイスを聞きたいという欲求より、「自分の話を聞いてほしい」「自分が話したい」という欲求のほうが大きいからです。

話を最後まで聞いてもらえないと、安心感を得ることもできませんし、人の心を動かすコミュニケーションのもう1つの重要キーワードである「自己重要感」を得ることもできません。欲求が不完全燃焼の状態の時にアドバイスをされても、あなたのアドバイスは相手の耳に入っていかないのです。

この状態をわかりやすく説明するために、私が**「コップ理論」**と呼んでいる考え方を紹介しましょう。

あなたのもとに相談に来る人は、すでにコップの中に水が満杯の状態です。

コップの大きさはすなわち、相手があなたのアドバイスを受け入れられる「量」のこと。私たちがアドバイスをするのは、このコップの中に新たな水を入れることと同じなのですが、すでにコップの中が「話したい！」という水でいっぱいになっているのであれば、そこにいくらアドバイスという名の水を注いでも、ただあふれ出てしまうだけ。

新しい水を入れたいのであれば、コップの中の水を減らさなければなりません。

この〝コップの水を減らす〟方法が、「話を聞く」ということなのです。

話を聞けば聞くほど、相手のコップの水は減っていきます。そして、**私たちのアドバイスという名の水は、コップの水が減った分だけ、相手のコップに入れることができる**のです。

「最後まで話を聞く」という行為は、相手に安心感を与え、「話を聞いてもらえている」という自己重要感を満たすだけでなく、私たちのアドバイスを受け入れるための準備をしてもらう意味合いもあるというわけです。

私も仕事上で、経営、起業、転職、恋愛、子育て、夫婦間コミュニケーション、自己変革など、ありとあらゆる相談を受け、アドバイスし、それらを解決してきましたが、その時に私自身のルールとしていたのが、やはり**「相手の話を最後まで聞く」**ということでした。

解決策を提案するのであれば、相手がちゃんと実行し、その人自身が望む状態になってほしい。そのためには、もっとも効果がある状態＝「相手がこちらの話を聞ける状態」、つまり「相手のコップの中が完全に空になっている状態」でアドバイスをしなければ意味がない。

ですから、私は相手の話を最後まで聞き、相手が話し終わっても、本当にコップの中が空になったのかを確認するために、次の質問をしてから、自分のアドバイスを始めるようにしています。

「他にもっと話しておきたいことはありませんか？」

相手にこの質問をすることで「私はあなたの話を聞く気持ちがありますよ」という姿勢がさらに伝わります。さらなる「安心感」とともに、コップの中は完全に空になり、こちらのアドバイスをしっかりと聞いてくれるようになります。

「絶対に否定をしない」

「話を最後まで聞く」

この2つを実行するだけでも、今日から周りに対するあなたの影響力は、大きく変わります。

人の心を動かす「神トレ」

相談やアドバイスを求められたら、「絶対に否定をしない」＋「最後まで話を聞く」をセットで実行する。そして、最後に「他にもっと話しておきたいことはありませんか？」という魔法のフレーズを使おう。

相手の行動における「背景と理由」を理解する

こちら側の話も聞かないで、頭から否定してきたり、一方的に怒る人っていますよね。それらの行為が、人望など得ることができない最悪のパターンだということを、あなたはもう理解できているはずです。

そこで、人の心を動かすうえで理解しておかなければならないことがあります。それは、普通だったら理由も聞かずに否定をしたり、怒ってしまうことでも、**「なぜ、相手がそうしたのか理由を聞く」**ことです。

たとえ、一般常識では〝間違い〟とされていることであっても、あなた自身が〝ありえない！〟と思うことであっても、否定されて当然と思われることであっても、まずは相手が「なぜそういうことをしたのか」という「理由」「背景」を理解しようとする姿勢を見せることで、相手はあなたに「安心感」を覚え、相手の態度は大きく変わります。

「人の心を動かす」力を身につけるのならば、**「人はどんなによくないこと、間違っていることでも、人それぞれその発言、行動に至ったその人なりの理由がある」**ということを理解しましょう。そうすることで、**「自分とは違う意見の人でさえ動かしてしまうチカラ」**を手に入れることができるのです。

では、その方法とは？　具体例で解説していきましょう。

たとえば、仕事で重要な会議があったとします。

あなたは上司として、その会議でのプレゼンテーションを部下に任せていました。

プレゼンテーションの資料は事前に目を通して、あなたがOKを出しています。

ところが、会議が始まる時間になっても、プレゼンテーションを任せていた部下は会議室に現れない。電話をしても出ない。あなたの部署のプレゼンテーションは、会議の開始から30分後に始まります。

そうこうしているうちに、プレゼンテーション開始5分前……。

「これはかわりに自分がやるしかないな」と思った時に、ついに部下が会議室に姿を現し、さっそうと説明を始めたのです。

プレゼンテーションは無事に終了しました。会議が終わった後で、遅れてきた部下に「何をしていたのか?」と聞くと、部下はこう答えました。

「ちょっと気になるところがあって、プレゼンをさらにいいものにすべくギリギリまで改善しておりました」

あなたからすれば、「会議に遅れてくるのはナシだろう。遅れるにしても、せめて遅れると連絡をするべきだ」という思いです。

しかし、部下は「プレゼンテーションは会議開始から30分後とわかっているのだから、それまでに間に合えばいい」と思っています。今回の会議でもっとも重要なのは、プレゼンテーションでこの企画を通すこと。だから、**資料を最高のものにするためにギリギリまで粘ったことは〝正しい行い〟だと思っています。**

さて、あなたはここで、部下とどのようにコミュニケーションを取るでしょうか？どうすれば、この部下は、あなたが思っている通り「会議に遅れることはよくない」「遅れる時は連絡をしよう」と反省し、これからの行動を改めるでしょうか？　また「この人（上司であるあなた）は信頼できる。この人についていこう」と思うでしょうか？

まずは、あなたが考える対応の仕方を5個、書き出してみてください。

・・・・・

敵を作らない「コミュニケーションの極意」

まずは、人の心を動かすどころか、部下からの信頼も人望も得ることができない「やってはいけない例」を紹介しましょう。

会議終了後……、

上司（あなた）「ちょっと、いいか」

部下「はい、何でしょうか？」

上司「大事な会議に遅れてくるなんて、お前は何を考えているんだ！　たまたまプレゼンがうまくいったからよかったが、社会人として時間に遅れるなんてありえないぞ」

部下「いや、プレゼンの資料をギリギリまで修正していたんです」（大事なプレゼンだっていうから頑張ったのに、別にそんな言い方をしなくてもいいだろ）

上司「何をしていたかを聞いているんじゃない。会議に遅れてくること自体がありえないと言っているんだ。時間はちゃんと守れ。いいな？」

部下「わかりました」（**全然、理解してもらえてないじゃん。**プレゼンだってうまくいったのに……）

わかりやすくお伝えするために、少々大げさにしてみましたが、こういう上司って意外といますよね。

では、この場面を**「人の心を動かす安心感」**の原則に従って実践するとどうなるか、あなた自身が考えた対応と比較してみてください。

会議終了後……、

上司（あなた）「プレゼンお疲れ様！**素晴らしいプレゼンのおかげで無事に企画も通ってうれしいよ！**それにしても、今日の会議に遅れてきたけど、何かあったのか？」

部下「ありがとうございます。会議に遅れたのは、重要なプレゼンだったので、ギリギリまでプレゼン内容をいいものにしようと粘っていたからです」

上司「なるほど。だから、あんなにいいプレゼンができたんだな。ありがとう！**ちなみに、もしプレゼンの時間が予定の時刻よりも早まってしまった時は、どう対応する予定でいた？**」

部下「あっ、それについては考えていませんでした。プレゼンは絶対に会議開始の30分後だと思っていたので」

上司「そうか。**まぁ、でも、いいプレゼンだったからな。**もし、30分後ではなく早まってしまった時の対応策を準備するとしたら、どんなことが考えられた？」

部下「会議に参加する人に遅れていくと伝えておいて、出番が早まりそうであれば、連絡をしてくれとお願いしておくとかですかね」

上司「そうだな。**それはとてもいい方法だ。**今回は誰かに伝えていたのか？」

部下「いいえ、伝えていませんでした。次からは伝えるようにします」

上司「うん、そうしよう。もう1つ、これは**君の意見を教えてもらいたいんだけど、いいかな？**」

部下「はい」

上司「もし君が企画のプレゼンを聞いて決裁をする側だったら、会議に遅れてきたけど資料がブラッシュアップされていて最高のプレゼンをした人と、会議に冒頭からちゃんと時間を守って参加したうえでブラッシュアップされた最高のプレゼンをした人。どっちの印象がいいかな？」

部下「あっ、それはもちろん会議に最初から参加して最高のプレゼンをするほうですね」（すべてはプレゼンのためと思ったけど、やはり遅れるのはよくないな）

上司「**素晴らしい、その通りだね。**今回のプレゼンは本当に素晴らしかったので、次はさらにいいものにするために、最初から参加したうえで最高のものを提供するスタンスでいこう！　今日はお疲れ様！　ありがとう」

もう、違いは明白ですね。

「人望と信頼が生まれるメカニズム」の本質

マーケティング支援事業を行う株式会社ディーアンドエムが「好意が持てる上司の特徴」について、日本全国の男女約1万3000人に対して調査を行いました。その結果、29・1％と最多を占めたのが**「責任を持って部下を守ってくれる」**でした。責任逃れをしないのは大前提ですが、部下のことを理解しようと努めてくれる安心感が、守られている感覚に直結することは言うまでもありません。

さて、その視点も踏まえて、先ほどの会話を分解していきましょう。

まず、会話全体を通して**「否定」をしていません**。

「絶対に否定をしない」という原則に則《のっと》っています。

そして、今回のテーマでもある「頭ごなしに否定をしない」＝「相手の理由を理解する」という部分も、「会議に遅れてくるなんてありえないだろ！」と理由を聞かずに怒るのではなく、まずは相手の考えを理解しようと**「どうしたのか？」と理由を聞**

く形で会話が始まっています。

さらに「会議には遅れずに参加してほしい」「遅れるのなら事前に連絡するようにしてほしい」と、こちらの意図するように動いてもらうための指示ではなく、質問をして本人に気づいてもらうように促しています。理由を聞いても「次からはこうしてくれ！」と指示やアドバイスになってしまうと、間接的に「今回の行動はよくなかった」と言っていることになってしまいます。

そこで、**絶対に否定をしないように、「どちらがいいか？」「どうすればよかったか？」と質問して、相手に自ら「自分の今回の行動は改めたほうがいい」という結論に至ってもらう**ようにしています。

さらに「今回以上によい取り組みをするためには、どのようにしたらいいか？」という意見交換をしていますが、**今回遅れてきたこと、連絡しなかったことに関しての否定をしていないのがポイント**になります。

このようなやり取りによる、自分のことを否定しない姿勢、理解しようとしてくれる姿勢から、部下はあなたに対して、安心感を覚えるわけです。

また相手は、プレゼンの内容など、評価すべきことは評価する言葉をかけられているので、自己重要感も満たされます。


こうして、あなたは部下からの人望と信頼を獲得することができるわけです。

もちろん、会話の時間、言葉の数は多くを要します。しかし、世の中の多くの人はそのちょっとした手間を惜しむから、なかなか人望を得ることができず、思うように相手が動いてくれないのです。

私たちは「人の心を動かすメカニズム」を、こうしてロジカルに理解しているわけですから、**面倒くさがらずにひと手間かけて、大きな影響力を手にしましょう。**

人の心を動かす「神トレ」

自分と違う意見や考え方の人を「頭ごなしに否定する」のではなく、相手がその発言、行動に至った理由に関心を持ち、聞いてみよう。「なぜそう思ったのか教えてもらえるかな？」のひと言を日常で活用してみよう。

周囲が自然と味方になる「笑顔で反応する」練習

私たち人間は、基本的には「外部からの刺激」により「感情」が生まれるというメカニズムを持っています。

そして、私たちが受ける外部からの刺激でもっとも比重が大きいのが「視覚からの情報」になります。視覚から得られる情報量の割合は約87％と言われています。

つまり、**私たちの感情は「目に見えるもの」によって左右される**のです。

かわいい動物や赤ちゃんを見るとどこか優しい気持ちになり、殺人事件などのニュースの映像を見ると悲しい気持ちや、暗い気持ちになります。何を目にするかによって、私たちの感情は変化しています。

このことを〝人間関係〟に置き換えるとどうでしょうか？

「何を目にするか」で抱く感情が変わるのであれば「相手に何を見せるか」で相手の感情が変わる。そう、相手に見せるものとして重要になるのは**「あなたの表情」**です。

人と話をしている時に、あなたはどんな表情をしているでしょうか？

人から話しかけられた時、あなたはどんな表情で対応していますか？

どんな表情をして職場を歩いていたり、デスクワークをしているでしょうか？


当然、「いつも不機嫌な表情」をしている人には安心感を覚えることはありません。

飲食店に入って注文をする際も、店員さんが笑顔で注文を聞いてくれるのと、無表情で注文を聞いてくれるのとでは、あなたの抱く感情は違うはずです。

洋服を買った時に、笑顔で「ありがとうございました」と言われるのと、無表情で言われるのとでは、その人に抱く印象も違うはずです。


人は何を目にするかで感情が変わる。

人は「どんな表情」を目にするかでその人への印象が変わる。

指摘されれば当たり前のことですが、そこまで気が回らない人がほとんどなのです。

さて、ここで1つあなたに正直に考えてもらいたいことがあります。

【質問】あなたが「もっと自分の表情に気をつけるべき」なのは、日常のどんな場面でしょうか？　書き出してみてください。

たとえば、上司やお客様と話している時には表情に気を配っていたとしても、その他の日常ではどうでしょうか？

特定の時にしか表情に気を配っていないのであれば、あなたに対する周りからの印象は「人によって態度を変える人」になってしまいます。「話を聞くに値する振る舞いをする人」からは、大きくかけ離れてしまいます。

答えの書き方としては、「こんな場面ではこんな表情になっているかもしれない。こういう表情にするように意識しよう」という感じで大丈夫です。

たとえば、職場で忙しい時に話しかけられると、邪魔されたくないから「何？」とぶっきらぼうに反応して無表情気味かもしれない。でも明日からは、「何？」とセットで必ず笑顔を作る、といった感じです。

「自分の日常での表情は大丈夫だろうか？」と不安になってきた人もいるかもしれません。**表情がもたらす印象は職場だけに限らず、恋愛、家族関係、友人関係など、すべての場面で効果を発揮します。**

自分自身の印象や評価を上げる方法はたくさんありますが、その中でも表情、**特に「笑顔」の効果は絶大**です。

なぜなら、「笑顔」は相手の警戒心を解き、「安心感」を与えるからです。

比較行動学者のイレネウス・アイブル＝アイベスフェルトは、人間の「挨拶」の役割について調査をしたことで有名です。

アイベスフェルトは、インドネシアのバリ島に住む先住民、パプア人、ワイカ族のインディオなど、文化も宗教も異なるさまざまな人々の「挨拶行動」を観察しました。彼らは「握手」や「ハグ」など、各々の人種や文化、風習等によって形成された独自の挨拶の形を持っていました。

しかし、そこにはある共通点があることを発見したのです。

その共通点とは**「誰かに出会った際、お互いに見つめ合ってから約０・２秒ほど眉を上げて、その後に微笑む」**ということでした。アイベスフェルトは「微笑む」という行為が緊張を解き、互いの攻撃性を弱めることに役立っていると結論づけています。

「挨拶」＝「出会いがしらに相手に対して笑顔を見せる」ことは、「私はあなたにとって友好的な存在である」という意思表示であり、安心感を与える役割を担っているわけです。

逆に、笑顔で始まらないコミュニケーションは、相手に対して不必要な不安や警戒心を与えてしまいます。

まずは「笑顔」。口角を上げた笑顔は相手に安心感を与えて、あなたのもとに人を集めてくれるのです。

人の心を動かす「神トレ」

1日に5回、意識して笑顔で反応しよう。職場で声をかけられた時、自宅で家族から呼ばれた時、カフェで注文したものを受け取る時……繰り返すことで、意識しなくても笑顔で反応する習慣が身につき、あなたは「自然と応援される安心感」を与えられる人に変わっていきます。

一瞬で相手の信頼を勝ち取る「話を聞く姿勢」とは

- どんな表情を見せるかによって相手からの印象が変わる
- 人の心を動かすコミュニケーションとしてのキーワードである「安心感」を与える

には、「笑顔」がもっとも効果的である

……では、常に笑顔さえ見せていればいいのかと言えば、それは半分正解で、半分不正解。相手に対して笑顔で反応したとしても、その笑顔の効果が半減してしまうことがあるからです。

たとえば、あなたが職場で仕事上わからないことがあり、質問するために先輩に声をかけたとします。

「すみません……この場合ってどうすればいいか、わかりますか?」

先輩が振り返り、「どうしたの?」と笑顔で応じてくれたと思ったら……笑顔のまま中指を立てている……!

さて、あなたはどんな気持ちになるでしょうか? 表情が笑顔でも、中指を立てられたら「……何でもないです」と相談するのをやめてしまうでしょう。

要するに、**相手の視覚に訴えかける情報は「表情だけではない」**ということ。話を聞く「姿勢」もまた相手に視覚情報として伝わるため、聞く姿勢を整えていないと相手には安心感を与えることができないのです。

【質問】 あなたは、相手にどんな姿勢や体勢で話を聞かれたら「嫌な気分」になりますか？ あなたの日常や、これまでの経験を振り返って考えてみてください。

どんなことが思い浮かんだでしょうか？

- スマホをいじりながら話を聞かれた
- 話しているのに、新聞や雑誌、テレビなどから目を離さない
- 時計をチラチラ見ながら時間を気にしている
- 話していても上の空でしか返事が返ってこない
- 真剣に話を聞いてくれない

些細《ささい》なことですが、その「ちょっと」が大きく印象を悪くしているのです。

そして、ここで考えるべきは**「自分の〝話を聞く姿勢〟」**です。

特に無意識のうちに誰しもやりがちなことがあります。それは相手が話し始めた時に、**「腕を組む、足を組む」**ことです。

「腕を組む」という行為は、心理学的には〝ブロックのサイン〟とも言われています。つまり、相手が話している内容に対して同意できないという意思表示を、ボディランゲージとして伝えてしまっているわけです。そのため、相手からすると、自分の話に難色を示されている気持ちになり、安心感は薄れていきます。

「足を組む」体勢は、視覚的に「威圧的」だったり「偉そう」にしているという印象を与えます。安心感を与えるという点では、足を組むのもNGです。

人から何か話しかけられたり、相談されたら、まずは自分が腕を組んだり足を組んだりしていないかを確認すること。それだけで、相手のあなたに対する安心感は大きく変わります。

ここで、絶対的な信頼を勝ち取れる「とっておきの裏技」を1つお伝えしましょう。

それは、**相手が話しかけてきた時に、自分がもし足や腕を組んでいる状態だった場合に、相手にわかるように組んでいた足や腕をほどき「どうしたの？」と返事をすることです。**

相手からすると、自分が話しかける前までは、足を組んだり、腕を組んだりしていたのに、自分が話しかけたら、それをほどく。つまり、ブロックもしていないし、高圧的でもなく、親身に耳を傾けてくれたという印象を与えることになります。その態度の変化が相手の目に見えることで、相手は安心して頼るようになり、ひいてはそれが人望へと変わるのです。

人の心を動かす「神トレ」

職場や家で誰かに話しかけられたら、とびきりの笑顔で振り向こう。その際に、自分が腕を組んでいないか、足を組んでいないかも確認。

「好意の返報性」という心理的効果をフル活用する

「相手に安心感を覚える」ことは、「相手に心を開く」という言葉に置き換えることができます。

そして、相手に心を開いた際の究極の感情は「好意」、つまり「この人のことが好きだ」と思う気持ちです。もちろんこれは「恋愛感情」としてだけではなく、上司として、同僚として、後輩として、友人、仲間として好意的に思うことも含まれます。

つまり**「人の心を動かす」影響力は、あなたのことを好きだと感じてくれる人が多ければ多いほど、大きなものになるということです。**

では、日常のコミュニケーションにおいて、どうすれば相手はあなたのことを「好きだ」と感じてくれるでしょう？　どうしたら、あなたに好意を持ってもらえるでしょうか？

これまでお伝えした「絶対に否定をしない」「最後まで話を聞く」「頭ごなしに怒らずに、理由を聞く」「笑顔で反応する」「聞く姿勢に気を配る」などは、もちろん相手に安心感を与えて、あなたへの好意を作る手伝いをしてくれます。

しかし、これらよりももっと〝すぐに効く〟方法があるのです。

それはとてもシンプルな方法なのですが、あなたの周りに実践している人は、おそらくいないでしょう。そして、これを聞いても**ほとんどの人が〝恥ずかしいから〟と**

いって実行しないと思います。だからこそ、この方法を実行できる人は、他の誰よりも周りからの好意を集めることが可能となります。

そのシンプルな方法とは、**「あなたのことが好きです」と伝える**こと。

「そんなこと言えるわけないでしょ！」という声が聞こえてきそうですが、別に〝愛の告白〟をしてくださいと言っているわけではありません。

「返報性《へんぽうせい》の法則」という言葉をご存じでしょうか？

簡単に言うと「人は、自分に何かをしてもらったら、お返しをしなければいけない気持ちになる」ことです。「バレンタインデーにチョコレートをもらったら、ホワイトデーにはお返しをしなければいけないと思う」――これも返報性の法則です。

そして、**「好意の返報性」**もあります。これは人から「好きだ」と言われたら、もらった好意に対して「好意」で返したくなる心理のことを言います。

「好きだ」と伝えることで、言われた相手は今いる場所に安心感を覚えるようになります。そして次第に、「好きだ」と伝えてくれた相手＝好意をくれた相手に、好意を返し始めます。

そう、相手もこちらのことを好意的に思ってくれるようになるということです。

最初はこちらから好意を伝えていたのに、気がつけば相手がこちらに「安心感」と「好意」を持ってくれるようになる。そして、当然のことながら、「安心感」を覚え「好意」を持っている人の話には耳を傾けて協力してくれる。つまり、あなたの人の心を動かす影響力が大きくなる、というわけです。

なぜ「好きと発言する回数」と「信頼度」は比例するのか

しかし、恋人ならいざ知らず、職場の部下や後輩、同僚に面と向かって「好きだ」とはなかなか言えないのも事実。「変に勘違いされたら困るから言えない」という人がほとんどだと思います。

「私はあなたのことが好きです」

普通に考えたら、日常会話の類ではありませんね。下手したら、今の世の中においては「それ、セクハラです」と言われかねません。

そこでまずは、以下のことを試してみてください。

①「集団」を好きだと言う

(管理職の立場なら)「本当にこのチームのみんなのことが好きなんだよね」
(先生の立場なら)「本当に自分の生徒のことが好きなんです」
(何かの生徒の立場なら)「一緒に学んでくれている人たちのことが好きなんです」
(旦那さんや奥さんに)「私は本当にこの家族のことが好きなの」

対象を「個人」から「集団」にぼやかすことによって、「『好きだ』と言う」ことのハードルを意図的に下げる手法になります。

②相手の「行動」を好きだと言う

「最後まであきらめない姿勢が好き」

「好きなものは好き、嫌いなものは嫌いだと言えるところが好きです」

「そういうふうに先回りできるところが好きだな」

「事前にしっかりと準備できるところが好きなんです」

「前に言ったことをしっかりと覚えてくれているところが好きです」


まだ、これでも直接的な感じがして言うことに抵抗があるという人は、次の言い方を実践してみてください。

③相手の「モノ」を好きだと言う

「その鞄の色、素敵ですね。私もその色、好きです」

「そのネクタイの柄、素敵ですね。その柄、好きです」

「おしゃれなスマホケースですね。そのデザイン、好きだな」

「ハワイに行ってきたんですね。私もハワイ、好きなんですよ」

「ワインが好きなんですね。私もワインが好きです」

どうでしょう？　これなら実践できるのではないでしょうか？

「集団」「行動」「モノ」を好きだと言うことが、なぜ私たちの人望につながるのか？

脳科学的に説明すると、**私たち人間の脳は、頭の中で言葉を解釈するため「主語を理解できない」性質があります。そのため「集団」「行動」「モノ」を好きと言われると、自分のことが好きなんだと勘違いを起こします。**

よって、相手が気がつかないうちに好意を伝えられるわけです。

これを繰り返すと「何かあの人に好感を持つんだよね」という現象が起き、周りは自然とあなたの味方になっているのです。

さらに、「好き」という言葉は、好意が伝わるだけではなく、周りに「この人は物事のいいところを見ようとしている人なんだ」と伝わります。そんな視点を持っているということが周りに伝わることも、人望を得ることにつながるわけです。

あなたは、1日の中で何回「好き」という単語を言っているでしょうか？
「好き」という言葉を遣う回数＝あなたの信頼度と言えるかもしれません。

人の心を動かす「神トレ」

今日から1日10回「好き」と言おう。集団に対して、相手の行動やモノに対してでもOK。とにかく10回「好き」という発言をしてみてください。その際、相手の表情がどう変化し、自分自身がどんな気持ちになったかに注目してください。

異なる意見の相手とも同調できる「魔法の言葉」

「相手に安心感を与える」ことの基本である「絶対に否定をしない」を表現する方法の1つが**「同調する」**です。

ここで言う同調とは「相手の意見を100％飲み込んで、同じ意見になる」ということではありません。もちろん、相手とまったく同じ意見、考え方なのであれば、それを表明することはとても効果的です。しかし、日常生活の中で話している相手と〝何から何まですべて意見が一緒〟なんてことは、なかなかありません。

ただ、相手が自分と考えや意見が違う時に、「あなたの意見は間違っている」と言っても、「安心感」を与えるうえでは何の効果もありません。

人によっては〝自分の存在意義が危うい〟と感じて、こちらを攻撃してくる場合も……。また〝傷つけられた〟と感じて、あなたとは距離を置く人もいるでしょう。

では、意見が違うのに、どう同調すればいいのか？

それは、相手の意見に賛成とか反対とかではなく、単純に相手に対して**「あなたがそう思っているということを理解しました」**と表現すればいいのです。

極端なたとえですが「戦争は必要悪だ」という、あなたからすると正反対の考えを持っている人がいたとします。そんな人に対する同調は、次のような言葉になります。

「なるほど。あなたは、戦争は必要悪だと思っているんですね」

つまり、**「（私の考えは別として）あなたがそう思っているということは、私もわかりましたよ」と伝えるだけでいい**のです。

２０１０年にフランスのビジネススクール「ＩＮＳＥＡＤ《インシアード》」が、人間の話し方と親密性についての実験を行いました。被験者を数人集めて10分間だけ好きなように会話をしてもらいます。その際に、半数のグループには相手の話の最後の言葉２～３語を「繰り返して」相槌を打つように指示をしました。その結果、この「言葉を繰り返して相槌を打った」半数のグループの「相手との親密さが増した」という結果が出ているのです。

多くの人は、自分と違う考えや自分の価値観からは肯定できないような意見を聞くと、真っ先に否定したくなります。自分と異なる相手の考えを認めてしまっては、自分の考えは間違いとなり、安心感が損なわれるからです。

相手の意見をねじ伏せて、自分の意見に賛成してもらう。そうすれば自分の居場所

＝安心感を得ることができる……という構造ですね。

しかし、人が意見や考えを持つという背景には、その人の過去の経験や、出来事、事件などが関係しています。異なった背景や事情を持っている人と理解し合う、あるいは、こちらの考えにも耳を傾けてもらうためには、**まずは相手のことを理解する姿勢を示すことが必要なのです。**

相手はあなたに安心感を抱き「この人なら安心できる」と感じる。

次に相手は耳を開き、自分の意見や行動を改めることを素直に受け入れられるようになる。この順番が「人の心を動かすメカニズム」なのです。

人の心を動かす「神トレ」

「なるほど。○○さんは△△△（相手の意見、考え）というお考えなんですね。なぜ、そうお考えになられたか、教えていただいてもいいでしょうか？」

自分と意見、考えの違う人には、こうしたセリフを使ってみよう。相手はあなたが自分の思いを聞いてくれるとわかると、心を開いて話してくれるでしょう。

「他人の悪口を言わないほうがいい」科学的な根拠

「他の人の悪口を言わないほうがいい」
「他の人の批判はしないほうがいい」

よく聞く言葉ではありますが、その理由を科学的に解明してみましょう。

あなたが他の人の悪口を言っていたり、批判ばかりしていると、それを見た周りの人から「こいつは人の悪口を言う人だ」と認識されます。

そう認識されると、今度は周りの人は「もしかしたら私がいないところでは私の悪口も言っている〝かもしれない〟」と予測するようになります。

アメリカのオハイオ州立大学で行われた実験で、他人のことを積極的に褒める「ポジティブ・ゴシッピング（前向きな噂話）」をする人ほど、**相手から親密感を持たれる傾向にある**ことが判明しています。また、この実験では、「第三者のネガティブな噂を流す人は嫌われる」という結果も出ています。科学的に見ても、他人を批判する人は嫌われることがわかっているのです。

心理学的にも**人は「自分の悪口を言っているかもしれない人」には心を開きません。**表面上のお付き合いだけにしておこうと思われ、人望を得ることも、人の心を動かすこともできません。ですから「人の心を動かす」影響力を手に入れるためには、人の悪口を言うことは絶対NGなのです。

とはいえ「他人の不幸は蜜の味」という言葉も存在するように、人の悪口や噂話は、私たち人間がついついしたくなってしまうことの1つでもあります。

では、人の悪口を言ったり批判をしたくなったりした時に、どうやったらグッと堪《こら》えることができるのか？　実は有効な対処方法があります。

それは、**「なぜ、私は人の悪口を言わないと決めているのか？」という理由を明確にする**ことです。

私たちは〝何の目的もなく〟努力を続けるには、超人的な精神力を必要とします。

しかし、大きな目的や続ける理由があれば、信念を持って頑張ることができます。

【質問】 あなたが「人の悪口を言わない理由」は何でしょうか?

ちなみに、この回答例には次のようなものが挙げられます。

- 自分の使っている言葉を子供が真似するから。「自分の子供には人の悪口を言うような人間に育ってほしくない」ため

- 管理職である自分が悪口を言ったり批判ばかりしていては、部下が安心して相談しに来てくれないから。「安心できる職場の雰囲気を部下のために作る」ため
- 人の悪口を言っていると、そういう話が好きな人が集まってしまう。「人の悪口を聞いていると気分が悪くなるので、そういう人を近づけない」ため
- 人の悪口を言っていると顔に出る。悪口ばかり言っている人相では「理想とする人と結婚なんてできない」から

その人の立場や状況によって、理由は千差万別。理由には正しいも正しくないもありません。**自分が「そのためだったら実行できる！」という理由を明確にしてみてください。**

人の心を動かす「神トレ」

今日から「1週間、人の悪口を一切言わない、人の批判を一切しない」というゲームをスタートしよう。そして、達成した時のご褒美も決めておいてください。まずはゲーム感覚でスタートすることで自分の習慣として根付きます。

第２章のまとめ

- 絶対に否定せず最後まで話を聞く。「他に話したいことはないですか？」と念押しの確認もする。
- コミュニケーションを取る時の自分の表情に気を配り、必ず笑顔で対応。
- 話を聞く姿勢で印象が決まる。腕組みをしない、足も組まない。
- 相手のことが好きと言う。集団、相手の行動・モノなどを好きと言う。
- 相手の意見や考え方を理解したことを行動や態度でしっかりと示す。
- 悪口を言う人という印象は周りの人に安心感を与えない。
- 他の人の悪口を言わない明確な理由を決め、信念とする。

第3章

自然と味方が生まれ「誰からも好かれる」伝え方

自己重要感を傷つけないためのNGワードを設定する

私たちは常に、あらゆる欲求を満たそうと本能的に動いています。喉の渇きを感じて、喉を潤したい欲求が生まれて水を飲む。真夏の暑い日に、涼しくなりたいという欲求が生まれ、冷房を入れたり、プールに行ったりと、欲求を満たす行動をする。

こうした行動と同じように私たち人間が、コミュニケーションの中で〝常に満たしたい〟と感じている欲求が、２つあります。

・「安心感」を覚えたい
・「自己重要感」を得たい

「自己重要感」とは、「自分は価値ある存在である」と実感したい欲求のこと。この欲求を満たしてあげることが、相手から信頼を獲得し、人望を得る――「人の心を動かす」ことにつながるのです。

「あなたと会話をすることで自己重要感が満たされた」という経験をすると、相手はまたあなたと話したいと思うようになり、あなたの話に自然と耳を傾けるようになるわけです。

反対に「もう、この人とは二度と話したくない」と思われてしまう残念な人もいます。そう、「相手の自己重要感を傷つける人」です。

相手に対して「自分には価値がないんだ」と実感させるような言葉を投げつける……それが相手の自己重要感を傷つけるのです。

そんな言葉遣いをしている人が、あなたの周りにもいるのではないでしょうか？ もしくはあなた自身、誰かとの会話で「自己重要感を傷つけられた」経験はないでしょうか？

これから、この章で「相手の自己重要感を満たす方法」をお伝えしていきます。

その前提として、絶対にやってはいけないことがあります。

それが今お話しした**「相手の自己重要感を傷つけること」**です。

無意識のうちに他人の自己重要感を傷つけないための方法は、シンプルに自分の中で**「NGワード」を設定する**、というもの。日常のコミュニケーションにおいて、この言葉は使わないというルールを決め、一種のゲーム感覚で楽しむことが重要です。

では、どんな言葉をNGワードにするべきか？

あなたがNGワードを設定するために、次の質問に答えてみてください。

【質問】　あなたがこれまで自己重要感（自分の存在価値）を傷つけられた言葉はどんな言葉でしょうか？

もっと簡単に言えば、**「あなたがこれまでに相手に言われた言葉や反応で、イラッとしたのはどんなものだったでしょうか？」**ということです。

そんな言葉の数々を書き出しておき、あなたの**「相手の自己重要感を傷つけないためのNGワード」**として設定しましょう。

- それは違う
- 全然ダメ
- 何言ってんの？
- 間違っている
- 絶対に、こっちだ
- でも（逆接の言葉＝間接的に意見を否定している）
- ありえない
- バカじゃないの（存在を蔑《さげす》む言葉）

このあたりは、当然使うべきではない言葉です。しかし、忙しい日常で、さまざまなことに追われている時や、感情的になってしまった場面では、こうした言葉を無意識に使っている可能性は十分にあるので、要注意です。

「相手の自己重要感を傷つけないようにする」

この大前提が理解できたら、さっそく「人の心を動かす」ためのコミュニケーションにおける「相手の自己重要感の満たし方」の具体的な方法をご紹介していきましょう。

どんなに親しい間柄でも「相手のことを名前で呼ぶ」

自己重要感とは、「自分」という存在に価値があると実感したい欲求です。

そして、社会生活において「自分」を示す最たるものが**「名前」**です。

相手の名前を覚える、かつ、間違えないことが、相手の自己重要感を満たすために、実はとても重要なメソッドになります。

同じ職場の人の名前を覚える。仕事で関わりがある人の名前を覚える。ご近所付き合いのある人の名前を覚える。これらはもちろん当たり前のことです。

しかし、そんな日常的な関係性であるにもかかわらず、相手の名前を間違えてしまったり、相手の名前を忘れて何も言えない状況を想像してみてください。

逆にあなたが名前を間違えられたり、名前を忘れられたりしていたら、どんな気持ちになるでしょうか？

もちろん、「別にそんなに気にはしないよ」という人もいるでしょう。ですが、大多数の人は、少なからず残念な気持ちになります。それはなぜか？　**「自分（の名前）には覚えてもらうだけの価値がないのか」**ということを実感してしまうからです。

「相手の名前を覚える」「相手の名前を間違えないようにする」ことは、相手の自己重要感を不用意に傷つけないようにするために、人の心を動かすコミュニケーションとして最低限、準備しておくべきことなのです。

さらに、相手の名前は「覚える」だけではなく、「呼ぶ」ことをしなければコミュニケーションとして意味がありません。

人は自分の名前が呼ばれることで、自分が〝その他大勢〟ではなく、自分個人として認識してもらえていると実感します。

そのため、**会話の中で相手の名前を省略してはいけません。相手の名前を呼べば呼ぶほど、相手は「自分は重要な存在なんだ」と認識してくれます。**

ある有名な、予約が殺到しているエステサロンでは「お客様が来店したら意識して5回以上はお客様の名前を呼びなさい」と指導しているそうです。

私も、**対面でのコミュニケーションではもちろん、メールやSNS、LINEなどでのやり取りでも、絶対に名前を省略しない**ようにしています。

誰かが何かをやってくれた際にも「ありがとうございます！」と返信するのではなく、「○○さん、ありがとうございます！」と伝えるようにしています。

こうすることで、感謝の気持ちが明確に相手に伝わり、相手の自己重要感も満たされ、あなたへの信頼感も着実に大きくなっていくわけです。

「相手のことを名前でちゃんと呼ぶ」

こんな簡単な、今この瞬間からできることで、あなたの信頼度は大きく変わります。

また、予期していないタイミングで名前を呼ばれると、一気に自己重要感が高まるとされています。そのため、相手が「自分の名前なんて覚えてもらえていないよな」と思っている状況で、**しっかりと名前で呼びかけることを習慣化しておく**ことも重要です。それができると、**「自分で考えているよりもあなたには価値がありますよ」というメッセージをいつも伝えられるようになります。**

「名前を覚えることが重要だ」と言われても、当たり前すぎて実行しようと思えない人でも、メカニズムを知ると不思議と「やってみよう」という気が起きるはずです。

ちなみに、私は講演会などの際に、事前に参加者名簿を確認して、極力名前を覚えるようにしています。規模が何百人レベルになると全員は難しいですが、スタッフに過去の参加履歴などのデータを出してもらい、できるだけ名前と顔を一致させてから臨むようにしています。講演会の最中に相手が予期していないタイミングで、私が名前を呼んだ時の喜ぶ笑顔を見ると、本当にうれしい気持ちになります。ぜひ、あなたも実践してみてはいかがでしょうか。

人の心を動かす「神トレ」

今日1日で出会った人の名前を思い出し、書き出してみよう。フルネームで書き出せますか？　また、あなたが日常で「相手の名前を呼べるのに省略してしまっている場面」を書き出してみよう。そして、その場面ではこれから毎回、相手の名前を呼ぶようにしよう。

誕生日にさりげなく「おめでとう」を伝える

誕生日に「おめでとうございます」とひと言伝える。

実はこんな簡単なことが、効果絶大な、相手の自己重要感を満たす方法なのです。

「○○さん、今日、お誕生日ですね。おめでとうございます」……相手からすれば「自分はわざわざ誕生日を覚えてもらえる存在なんだ」ということを実感できます。


想像してみてください。

家族や恋人からではなく、会社の上司があなたの誕生日を覚えてくれていて、ひと言お祝いの言葉をかけてくれたら？　よく行く飲食店でポイントカードやアンケートに記入した生年月日を覚えていてくれて「このあいだ、お誕生日でしたよね！」と声をかけられたら？　どこか満たされた気持ちになるはずです。

【質問】　あなたは、自分と関わる人の誕生日を何人分、知っているでしょうか？　ビ

ジネス、プライベート……日常で関わる「味方にしたい」と思う人、「この人に影響力を持つことができたらいいな」と思う人の誕生日を、どれだけ知っているでしょうか？

いかがでしたか？　意外と少ないのではないでしょうか。

SNS等でつながっている人であれば、相手の誕生日が通知されることもありますが、仕事関係の人とはSNSでつながらないようにしている人も多いかと思います。ビジネスの関わりの中では、他人の誕生日を覚えている人は案外少なかったりします。**そんな「ライバル不在」の中で、あなたからの「今日、お誕生日ですね」というひと言は、自己重要感を満たしてくれる言葉として、〝かなり〟効きます。**

ただし、1つ注意点があります。**誰彼かまわず伝えればいいというわけではありません。**相手によっては、「何で、この人は私の誕生日を知っているんだろう？」と、逆に印象を悪くしてしまうケースもあります。

たとえば街を歩いていて、全然知らない人に「今日、誕生日ですよね」と言われたら、ちょっと怖いですよね。

「会話で知った」「社内の誰でも閲覧できる資料で知った」「つながっているSNSで知った」など「誕生日を知っていてもおかしくない」と思える関係性が大前提です。

人の心を動かす「神トレ」

あなたが日常で関わる人、5人分の誕生日を調べて、手帳に記入しよう。その人たちの誕生日にはひと言「おめでとう」と声をかけてあげてください。

相手のことを「相手以上に」理解するために

「2杯目からはいつもハイボールですよね？　もう注文しておきましたよ」

あなたが普段お酒を飲むパターンを、部下や後輩が覚えてくれていたら？

「こいつ、やるな！」と、その人への評価が高まります。

なぜ評価が高まるのか？

それは、あなたのある欲求が満たされたからです。そう**「自己重要感」**の登場です。

「いつも2杯目はハイボールですよね」→自分は普段から注目してもらえる存在
「注文しておきましたよ」→自分は気遣ってもらえる存在

こうして**「自分の価値」**を実感できるわけです。
「自分のことを知ってもらえている」……安心感を覚えるのと同時に、自分自身で自分の価値を感じることができます。**相手のことを知っていれば知っているほど、相手の自己重要感は刺激されます。**

あなたは、あなたの周りの人のことをどれだけ知っているでしょうか？　どれだけその人についての「情報」を持っているでしょうか？　あなたが普段関わっている人を1人挙げてみて、次の質問に答えられるか試してみてください。

- その人の出身地はどこですか？
- その人の誕生日はいつですか？
- その人にお子さんがいるのなら、お子さんは何歳ですか？

・その人が好きな食べ物は何ですか？
・その人が好きなこと、趣味は何ですか？
・その人は学生の頃、どんなことをしていたでしょうか？
・その人が今、興味があることは何ですか？　興味がある人は誰ですか？
・その人が実現したいことや、大切にしていることは何ですか？
・その人の血液型は何型ですか？
・その人が苦手な食べ物は何ですか？
・その人はお酒を飲めますか？　飲めるなら、好きなお酒は何ですか？

さて、いくつ答えることができたでしょうか？

ふとした会話の瞬間、「そういえば、前に○○が好きだって言ってたもんね」とか「○○さんのところのお子様は、そろそろ○歳になるんじゃないですか？」といった感じで話すだけで、**相手は「自分に関わることを覚えてくれていた」と、自分自身に価値を感じ、あなたに対しての安心感と信頼感が増すのです。**

もちろん、日常で関わる人はたくさんいるので、すべての人の情報を暗記することなど不可能です。でも、「明日、誰と会うか？」は、ある程度わかるはず。その際に**「相手の情報を予習する」**ひと手間をかけるだけで、あなたは「人望のある人」へと大きく変わるのです。

ただし、知っているからといって次々と「出身は◯◯ですよね？」「◯◯が好きですよね？」「お子さんは◯歳ですよね？」などと話題に出すのはNG。

そうなると「知ってくれていてうれしい」ではなく「知られすぎていて怖い」。つまり「安心感」を感じられなくなってしまうからです。

まとめると、**一度の会話でお会いした時に、相手について知っていることを披露するのはどんなに欲張っても2つまで**。

それだけで、あなたへの信頼度は劇的に高まります。

人の心を動かす「神トレ」

明日、会う人がどんな人なのか？　その人のことを調べてみよう。

誰もが素直に応じてくれる「神アドバイス法」

相手から「あなたのおかげでここまで物事を達成できた」と思われれば、あなたの信頼や人望は大きく高まります。

そう、**相手への上手な「指示」や「アドバイス」は、「人を動かす」影響力を獲得する絶好のチャンス**です。

部下に、後輩に、生徒に、家族・友人に……人に指示をしたり、アドバイスをする際に気をつけているポイントとして、頭ごなしに命令せずに「まず褒めること」を挙げる人は多いはずです。なぜ「まずは褒める」が望ましいのでしょうか？

ずばり**「人間は自分を褒めてくれる人に興味を持つから」**です。

私たちが人に指示をしたりアドバイスをしたりする目的は、最終的にこちらの言うことを聞き入れてもらい、修正した行動をしてもらうことです。

そのためには、まずは相手に耳を傾けてもらい、アドバイスを聞き入れる態勢を整えてもらう必要があります。

では、褒めることで相手がこちらの話を聞く態勢が整えば、あとは〝好き勝手に言いたい放題〟でいいか？

もちろん、それでは相手は動いてくれません。

ここで、人にアドバイスをする際の「とっておきのパターン」をご紹介しましょう。

それは、**「褒める」→「アドバイス」→「褒める」という黄金リレー**。

まず褒めて、修正ポイントやどうしたほうがいいかというアドバイスを伝え、最後はまた褒めて締める、というやり方です。

なぜ、最後にもう一度「褒める」を持ってくるといいのか？

それは人には、「出来事の〝最後の〟印象に左右される」というメカニズムがあるからです。

好きな人とのデート……前から行きたかった場所に出かけて、美味しい食事もしてすごく楽しくても、帰り際に大ゲンカをしたら、その日1日の印象はどうなるでしょうか？　最後の大ゲンカの印象が残り、「残念な1日」となるはず。

人にアドバイスをする、指示をする、間違いを指摘する、修正を促すことも、最初に褒めたとしても、話の終わり方が結局「あなたのしていることは全然ダメなので直してね」では、相手は「行動しよう！」という気が湧いてきません。

「最後にもう一度褒める」ことで、相手の自己重要感を満たしてあげると、次の行動に対して相手も前向きに取り組んでくれるのです。

「ミス」を「成長」に変える新基準の会話術

あなたは後輩に、会議で使う書類の作成をお願いしました。期限までに書類を作成してくれたのですが、内容を確認すると誤字だらけ。すぐに誤字を直してもらいたいですし、次からは後輩がまず自分で誤字がないかを確認してから提出してくれるのがあなたの望みだとします。

さて、この時に「褒める」→「アドバイス（修正指示）」→「褒める」という形で相手に指示をするには、具体的にどのようにすればいいでしょうか？

たとえば、次のような伝え方があります。

後輩「頼まれていた今日が期限の会議資料を作ったので、確認お願いします」

あなた（うわ、誤字脱字だらけだな、これ……修正させないと）「**ありがとう。**大変だったか？　◯◯（後輩の名前）、**期限までにしっかり仕上げてきてもらえて助かるよ。**いい出来だから、これ、さらによくしたいよな。ちょっと、ここの部分読み上げてみてもらえるかな？」

後輩「わかりました。えっと【今年度の当社の営業喝動は……】ん？『喝動』の字が間違ってますね！」

あなた「よく気がついたな。他にも誤字と脱字があるかもしれないから、もう一度確認してもらえるかな？　**内容もとても素晴らしいし、仕事のスピードも速かったのに、ちょっとした誤字脱字で印象が悪くなるのは、もったいなさすぎるからさ**」

後輩「はい！　すぐに修正します！」

まず「期限までに提出したこと」「内容の出来はいい」という部分を褒める。

修正箇所に関しても「ここがダメ」と「否定」はしない。「さらによくしたいから」と、否定の表現を使わずにアドバイスにつなげています。

そして、誤字脱字の存在に気づかせて、その部分の修正をアドバイスする。

最後にもう一度、内容のよさや仕事のスピードを褒める……。

「褒める」→「アドバイス」→「褒める」と、「褒める」で「アドバイス」を挟むサンドイッチの形になっていますよね。


否定の表現がないので、自己重要感は傷つきません。褒められ、自分がさらに成長できるチャンスとなれば、自己重要感が満たされて、人は行動したくなる。

後輩の作業は**「自分のミスを修正する作業」から「自分がさらに成長するための作業」に変わった**のです。

成長のチャンスを与えてくれたのは、自己重要感を満たしてくれたのは……そう、あなたです。

アドバイスや指示、指摘をしたい時は、「褒める」→「アドバイス（指示、指摘）」→「褒める」のサンドイッチ方式で。

これによって、驚くほど、相手はやる気を出して自ら動き出します。

そして、あなたと関わることが楽しいと感じ、結果、あなたへの信頼、あなたの人望も高まるのです。

人の心を動かす「神トレ」

明日1日、アドバイスや指摘をする時は、「褒める」→「アドバイス（指摘）」→「褒める」のサンドイッチ方式を実践してみよう。対面の時だけではなく、メールなどでの指示を出す時も同じです。

褒めるのは「大勢の前で」指摘するのは「1人の時に」

人の自己重要感を満たす機会は、他にも日常のさまざまな場面に存在します。

裏を返せば、相手の自己重要感を傷つけてしまう場面も同様に、たくさんあるということです。

あなたにも「自分では心当たりがないのに、急に相手の機嫌が悪くなってしまった」という経験があるのではないでしょうか？

それはたいてい、**無意識に相手の自己重要感を傷つけてしまったことが原因**です。

たとえ言葉の選択に気を配っていても、話す「タイミング」や「場所」のせいで、相手の自己重要感を傷つける場合があるのです。

まずは、どのようなタイミング・場所で褒められたら、あなたの自己重要感が満たされるかを考えてみてください。

そして「相手の自己重要感を満たす」という観点で言えば、もっとも効果的な方法はこれです。

「褒める時は大勢の前で褒めて、その後で個別に褒める」

「大勢の前で褒める」ことは、周りに「この人は褒めるに値する価値のある人ですよ」と発表しているのと同じ。大勢の人に自分が価値があると認識される――褒められた本人からすれば、自己重要感が上がって当然でしょう。

さらに、**「時間差で個別に褒める」**こと。メールやＬＩＮＥなど、個別のメッセージで褒めるのがポイントです。

大勢の前で褒めた後にあらためてメッセージが送られてきた事実によって、相手は「自分は本当にいいことをしたんだな」と実感することができます。

そして「大勢の前で褒めてもらったので、これで褒めてもらうのは終わりだろう」と思っていた中で〝わざわざ〟手間をかけて個別にメッセージをもらえることで、「自分はそんなふうに手間をかけてもらうに値する存在なのだ」と、自己重要感が満たされるのです。

「メッセージを送る」というほんのひと手間が、相手の自己重要感を満たし、あなたへの信頼感、人望のアップにつながるのです。

では逆に「相手のミスを指摘する」タイミング・場所については？

もうおわかりかもしれませんね。

もっとも相手の自己重要感を傷つけてしまう「ミスの指摘」のタイミング・場所――それはずばり、「人前」、それも「大勢の前」です。

そう、「褒める」の場合と同様なのです。

「大勢の前でミスを指摘される」――それは周りに対して「この人はこんなミスをするような人間なんですよ」と発表しているようなもの。

ミスを指摘された本人からすれば、周りからも自分の価値を下げられている＝自己重要感が傷つくとなるわけです。

しかし、「人前で相手のミスを指摘する」のがよくないことだとわかっていても、ついそうしてしまう人たちもいます。

なぜ、そんなことをしてしまうのでしょうか？

ここまで読み進めているあなたなら、もうそのメカニズムはわかっているはず。

それは**「人前で相手のミスを指摘することで、自分自身の自己重要感を満たしている」から**です。大勢の前で相手を蔑むことで「自分はミスに気づき、それを注意する立場の偉い人間なんだ」と周りに知らしめて、無意識に自分の自己重要感を満たそうとしているのです。

しかし、そんな行いは、ミスを指摘する相手だけではなく、それを見ている周りの人からの人望や信頼も失うことになります。第1章でお伝えした「話を聞くに値する振る舞い」から大きく外れてしまうわけです。

人望も信頼も失い……、その結果どうなるか？　自分で自分の自己重要感を満たすしかなくなり、何度も人前で人のミスを指摘するという最悪のループに突入です。

あなたは絶対にこのループにはまらないようにしてください。

ミスを指摘しなければならない場面や相手を叱らないといけない場面は、日常生活においては当然、発生するでしょう。そうした場合は、**相手が1人の時に伝えるのが鉄則**です。**タイミングと場所を冷静に選ぶだけで、周りからのあなたの評価は「優しい人」「人の気持ちがわかる人」「頼れる人」とまったく違うものになる**のです。

人の心を動かす「神トレ」

誰かを褒める機会があれば、あえて大勢の前で褒めよう。

相手を動かすには「命令」ではなく「アドバイスを求める」

人の心を動かすコミュニケーションには法則性があります。

当然のことながら、人に何かをしてもらいたいと思ったら、それを伝える必要があります。

では、相手の「自己重要感」を満たす指示とは具体的にどうすればいいのか？

それは**「指示を出さない。命令しない」**ということです。

「はぁ⁉︎　それではこちらの意図が伝わらないので、そもそも人を動かせるわけないじゃん」とあなたは思ったかもしれません。

でも、安心してください。私がこれから紹介するのは「指示を出さずに」会話の中で、相手が何をするべきかを「自分自身で決めてもらう」方法です。

人間は、人から言われたことよりも、自分でこうするべきだと考えたことのほうを優先して行動に移す性質を持っています。

それでは、どのようにすれば、会話だけで、こちらの望む通りのことを指示せずとも相手が気づいて行動してくれるようになるのか？

その信じられないことを実現する方法が**「相手にアドバイスを求める」**ことです。

指示したい事柄に対して、相手に**「この場合はどうすればいいだろう？　ちょっと教えてもらえるかな」**と伝えるのです。こうすると、相手は「今、自分は頼りにされているな」と自己重要感が満たされます。自己重要感が満たされると、同時にその事柄に対しての責任感が芽生えます。そして、その後の行動も指示された時とは大きく異なり積極的になります。

アメリカのイリノイ大学の実験では、「やれ！」と命令されるよりも「お願いできるかな？」と疑問形で依頼されたほうが、平均して1・5倍ほどパフォーマンスが上がるということもわかっています。**うまく疑問形を使ってアドバイスを求めることで、相手の行動をコントロールすることが可能となるのです。**

では、どのように使いこなせばいいのか？

その事例として、おばあちゃんから子供宛てに誕生日プレゼントが届いたとして、子供にお礼の電話をさせたい場合は、どのように伝えていくかを解説していきましょう。もちろん「お礼の電話をしましょうね」は命令なのでNGです。

あなた「おばあちゃんからプレゼント届いてよかったね。おばあちゃんにプレゼント届いたこと伝えたら、喜ぶかな？」

子供「うん、そう思う」

あなた「じゃー、どんなふうに伝えようか？」

子供「おばあちゃんに電話したい」

これが、相手にアドバイスを求めて、こちらの意図通りに動いてもらうイメージです。しかし、こんな疑問が浮かぶ人もいるかもしれません。

相手にアドバイスを求めて、まったく見当違いなアイデアや提案が出てきた場合はどうするのか？

そうならないためには、**アドバイスを求める際に、こちらが意図した答えにたどり着くヒントを盛り込んだ質問をするだけです。**「ヒントを渡す」を具体的にイメージできるように、先ほどの会話でさらに解説します。

あなた　「おばあちゃんからプレゼント届いてよかったね。おばあちゃんにプレゼント届いたこと伝えたら、喜ぶかな？」

子供　「うん、そう思う」

あなた　「じゃー、どんなふうに伝えようか？」

子供　「次、会った時に『ありがとう』って言う」（こちらの意図と違う答えが出現）

あなた　**「それもいいね。そしたら、今すぐできることって何かあるかな？」（ヒントを盛り込んだ質問）**

子供　「今すぐだったら、電話かな〜」

あなた　「それはいいアイデアだね！　そしたら、おばあちゃんに電話してみようか？」**（疑問形で伝えるほうが相手のパフォーマンスが高まる）**

子供　「うんっ！」

この手法を日常会話の中でマスターできると、面白いように相手がこちらの意図通りに動いてくれるようになり、しかも自分の意志で「これ、やりたいです！」と進言してくれるため、コミュニケーションが非常に楽しくなります。

たとえ思うような反応をしてくれない相手でも、ヒントを加えて質問を重ねていくことが重要です。

「命令するのではなく、アドバイスを求める」というのは、根気強さを求められる方法であることは間違いありませんが、関わるすべての方々が気持ちよく動いてくれる伝え方です。しかも長い目で見れば、自らの頭で考えて動ける仲間たちを増やすことにつながるため、ぜひ実践してみてください。

あなたと一緒に仕事をすることを含めて、あなたと関わることが気持ちいいという人が増えるのは、人望を得ることに直結します。人を動かす影響力や人望を得るためのコミュニケーションに、もっとも必要な力の1つは「忍耐力」なのかもしれません。

人の心を動かす「神トレ」

今日から、職場・後輩・同僚・子育て・夫婦間・恋人・生徒・お客様など、あらゆる場面において、指示・命令をするかわりに「アドバイスを求める」を実践してみよう。そして、あなたの意図する答えが返ってくるように「質問」を繰り返したり、ヒントを与えたりしてみよう。人は自分で気がついた時に初めて継続して動くようになります。

「相手の目を見てうなずく」習慣が幸福度を高める

突然ですが、ここでちょっと想像してみてください。

あなたはカフェで友達や恋人などの親しい人とテーブル席に向かい合って座っています。

最初は楽しく話していたけれど、話題があなた自身の〝最近の出来事〟に変わると……相手はスマホをいじり始めました。その後もスマホから目を離さず、あなたが何か言えばちゃんと答えてはくれるのですが、その時もこちらを見てくれません。そして話題が相手自身のことに変わると、相手はスマホをいじるのをやめて、顔を上げてあなたを見て話し始めました。

さて、この時、あなたはどんな気持ちになるでしょうか？　イラッとするかもしれません。私も実際にこんな場面に遭遇したら、「何なんだ！」と思ってしまうでしょう。たとえば、会議や発表会など人前で話す機会に、あなたが前に出て話しているのに、**あなたのことを「誰も見ていなかった」としたら、どんな気持ちになるでしょうか？**

寂しい、悲しい、戸惑う……そう、「誰も注目してくれていない」ことで、自己重要感が失われてしまうでしょう。

つまり、**「話を聞く姿勢」しだいで、相手の自己重要感を満たすことも、失わせることもできるわけです**。

では、「あなたのことを大切にしている」という気持ちが伝わる「聞く姿勢」とは？

勘の鋭いあなたならば、もうおわかりですよね。

「目を見て、話を聞く」

当たり前かもしれませんが、これが「相手の自己重要感を満たす話の聞き方」の王道です。ただし、〝普通に〟目を見て話を聞くだけではダメです。

「目を見て、〝うなずきながら〟話を聞く」

この「うなずきながら」が非常に重要なポイントです。

特に日本人は「相手の目を見る」ことが苦手。でも、相手から見れば「目を見ない」＝「興味がない」という印象を持ってしまうのも事実。「目を見る」ことは、相手の自己重要感を満たすうえで、基本にして一番強力な方法です。

そして、そこに「うなずく」がセットになると、相手は「うなずいてくれている」＝「話をちゃんと聞いてくれている」と認識します。

「話をちゃんと聞いてくれている」＝「自分は〝話を聞いてもらえる存在〟なんだ」と自己重要感が満たされるわけです。

では、相手が自分の目を見て話を聞いてくれていたとしても、まったくうなずいてくれなかったら、どうでしょうか？　「あれ？　自分の話はつまらないのかな？」「見当違いのことを言っているのかな？」と、不安になります。

相手に不安を与えては、当然、自己重要感も安心感も与えることはできません。

さて、ここで「あること」に気がつきませんか？

そう、**「相手の話を聞く時」だけではなく、「自分が話す時」も、相手の目を見ることで、相手の自己重要感を満たす**のです。

たとえば相手がスマホを操作しながら話しかけてきたら、どんな気分になるでしょうか？　新聞や雑誌を読みながら話をされたら？

少なくとも「大切にされている」とは感じませんよね。話す時に相手の目を見ないだけで、あなたはとても悪い印象を持たれてしまうのです。

ここでさらに重要な「相手の目を見て、うなずく」際のポイントをお伝えしましょう。それは**「自分がどんなに忙しくても、常に相手の目を見てうなずく」**ことです。

あなたの周りに「どんなに忙しくても手を止めて、目を見て、うなずいて話を聞いてくれる人」は何人いますか？　何人くらい思いつきますか？

もし、思いつく人が片手で足りるのであれば、あなたの周りにそういった存在は少ないということです。これは、あなたが信頼を高めて抜きん出た存在になるチャンスが多いということ。だからこそ**「どんなに忙しくても手を止めて、目を見て、うなずいて話を聞いてくれる人」**になってしまいましょう。

本を閉じた瞬間から実践してみてください。

人の心を動かす「神トレ」

今日から、コンビニやカフェ、ランチで入ったお店などの店員さんに、会計などの際に、目を見てお礼を言って、うなずいてみよう。見知らぬ人に目を見てうなずくことができれば、職場、家族、友人、恋人など身近な人へのハードルは下がります。

いつでも最高の質問ができる「チャンクサイズ・コントロール」

人の心を動かすことができる人望の厚い人は「聞き上手」でもあります。

「聞き上手」な人の会話は「相手8割、自分2割」だと言われています。

なぜ、相手が話す量を多くさせたほうがいいのか？

それは、**「人は話を聞いてもらうだけで、自己重要感が満たされるから」**ですよね。

だから、聞き上手な人のもとには常に人が集まり、頼られ、人望を得ることができるのです。

「聞き上手」とは「話を聞くことが上手」なのではなく、「相手に話させるのが上手」なのです。

では、どうすれば上手に相手に話させることができるのでしょうか？

そこで重要なのが、あなたから相手への**「質問」**です。

相手にしてみれば「質問をされるから」話し始める。この時、会話の主導権は誰が握っているかと言えば、「質問をしている人」です。**会話の行き先は「質問」によって決められている**わけです。

「でも、相手に何を質問したらいいかが、わからない」という人も多いと思います。コミュニケーション関連の本には「質問は『5W1H』についてする」というものもよくありますが、実は事前に「何を質問するか?」を考えていなくても、会話の流れに乗って「相手への質問が次々と出てくる」方法があるのです。

それが**「チャンクサイズ・コントロール」**という方法です。

チャンクとは「塊《かたまり》」という意味。つまり「会話の塊」をコントロールする方法です。「会話の塊」というのは、「今、話している内容は、どのくらいの規模のグループについての話か」ということです。

具体例で説明しましょう。

私があなたに、「好きな動物は何ですか？」と聞いたとします。

この時、話題は「好きな動物」という「規模（塊）」です。

そこで、あなたが、「猫が好きです」と答えました。ここで話題は「好きな動物」という塊から、「猫」という、ひと回り小さい塊になりました。

話の塊がより絞られ小さくなる――これを**「チャンク・ダウン」**と言います。


ではさらに、チャンク・ダウンをしてみましょう。

私「好きな猫の種類は？」
あなた「ノルウェージャンフォレストキャットが好きです」

話題は「猫」から、さらに小さな塊の「種類」になりました。

このようなチャンク・ダウンとは逆に、小さい規模（塊）の話を大きな規模（塊）にすることを**「チャンク・アップ」**と言います。

あなた　「ノルウェージャンフォレストキャットっていう種類の猫が大好きなんですよ」
私　「動物好きなんですね。じゃあ、動物以外に興味あることってありますか？」

話の塊が大きくなっている（チャンク・アップしている）ことが、わかっていただけましたでしょうか。
「チャンク・ダウン」「チャンク・アップ」の他にも、話を「同じ規模」でふくらませる**「チャンク・スライド」**というテクニックもあります。

あなた　「ノルウェージャンフォレストキャットっていう種類の猫が大好きなんですよ」
私　「へぇ〜、そういう猫がいるんですね。ちなみに、他にはどんな種類の猫が好きなんですか？」

「猫の種類」という同じ塊で、会話を続けようとしています。
こうしたテクニックを使えば、相手への質問に困ることも、事前に質問を準備しておく必要もありません。

ただし、「人の心を動かす」影響力を得る会話の本質は、あくまでも**「相手の自己重要感を満たす」**ことにあります。

相手にたくさん話してもらうことができるのであれば、わざわざチャンクサイズ・コントロールを使う必要はありません。

技術やテクニックばかりに目を向けるのではなく、本質的な目的を忘れないようにすることも大事です。

人の心を動かす「神トレ」

今日1回だけでいいから、「チャンク・ダウン」させる質問をしてみよう。明日は1回だけでいいから、「チャンク・アップ」させる質問をしてみよう。明後日は1回だけでいいから、「チャンク・スライド」させる質問をしてみよう。まずは、「使ってみる」ことが大事。

大げさなくらい「感情表現が豊かな反応」をする

人望がある人、慕われる人……そんな人たちの多くは**「感情表現が豊か」**な人です。

たとえば、あなたがちょっとした成果を挙げ、それを上司や家族に報告した時に……。「よかったね、お疲れさま～」と言われるのと、「おぉー！　やった、やった！　それはすごいね！」と言われるのとでは、どちらの反応がうれしいでしょうか？

感情表現が豊かな後者の反応のほうが「本当に喜んでくれている」のを感じることができます。そう、**「感情表現が豊かな反応」は、相手の自己重要感を満たすことに絶大な効果があるのです。**

人間は、無意識的に相手の「反応」を気にしています。もちろん、これは大人に限ったことではありません。子供が親に「今日、学校でこんなことがあったの！」と話したり、「見て、見て～♪」と言ってくるのも、親の反応を得たいからです。

逆に、「喜んでくれるよね」と思っていたのに、相手の反応が薄くてがっかりした、褒めてもらえると思って報告したのに、全然褒めてもらえなくてがっかりした……などという経験もあるはず。

この「がっかり」は、「求めていた反応が得られなかった」ことでのがっかりですよね。ということは、自分が得たい反応以上のことを得られたなら、さらにうれしくなり、「相手を喜ばせることができた」と、自己重要感も増すのです。

そして、人は相手の反応がよければ「またそれを経験したい！」と思い、行動を繰り返します。

あなたが「相手の自己重要感を満たす人」＝「感情表現が豊かな反応をする人」ならば、あなたをもっと喜ばせたいという人や、あなたにいい報告をするために頑張ろうという人が増えて、あなたの影響力や人を動かす力は絶大なものになるのです。

「急に感情表現豊かに反応するなんて恥ずかしい」という人は、まずはメールやLINEなどの文字のコミュニケーションで試してみてはいかがでしょう。文字のやり取りでも、感情表現豊かな反応は十分に効果を発揮します。

私も自分のスタッフやクライアントからよい報告があったときには、「おおお、すごい！ もうできたの？ 早い！」「本当に？？？ すごすぎます！！！」なんて返信をよくしていますよ。

人の心を動かす「神トレ」

上司、部下、同僚、友達、恋人、家族……日常で関わるあらゆる人に対して「感情表現豊かな反応」をしてみよう。

「変化に敏感な人」がコミュニケーションを制する

たとえば、髪型を変えた時や、新しい服を着た時、女性ならメイクやネイルを変えた時に、周りに気がついてほしいと思ったことはないでしょうか？

「自分の変化に気がついてもらえる」ことは、間接的に「自分に注目してもらえている」と感じられて、自己重要感が満たされ、また、大切にされているとも実感できることです。

でも、「人の変化になかなか気がつけない」という人も多いもの。だからこそ、周

囲の変化に気がつく人は、それだけ貴重であり、人望を集め、影響力を高めることができるのです。

そのためには、普段から「他人の変化に気がつくようにしよう」と意識して生活することが大事。もっと言えば、自分自身に対して「他人の変化に気がつく人」という自己評価を持つべきです。

詳しくは前著の『神メンタル』に書きましたが、**私たちが日常で認識する情報は「自己評価」によって変わります。**

私たちの脳は「自分にとって必要な情報」しか認識できません。だから自分で自分のことを「他人の変化に気がつく人」と思っていると、それだけで脳は自動的に「他の人の変わった部分」に気がつき、認識させてくれます。

逆に、「他の人の変化に気がついたほうがいい」という発想を持っていなければ、私たちの脳は他の人の変化した部分の情報をスルーしてしまうのです。

こうした「脳のメカニズム」を有効活用するためには、まずはあなた自身が「他の人の変化に気がつく人である」という自己評価を持つことが大切です。

相手の変化を予想できる「2つの視点」とは

そしてさらに、より確実に「周囲の人の変化に気がつくことができて、周りからの人望を得る方法」があります。

それは**「あなた自身が〝まず何に気がつくか?〟を決めておく」**ということです。

「周囲の人の変化に気がつく」というだけでは対象範囲が広すぎて、いつ、どんな変化が起きているのかわからない。でも、〝何に気がつくか?〟を事前に決めておけば、変化を予想することができます。そして、自らが予想していた出来事が起きた時には、すぐに気がつくようになるのです。

とはいえ、急に「どんな変化に気がつくかを決めましょう」と言われても、まったく想定できないかもしれませんね。
　そこで、次の2つの視点から考えてみてください。

①自分が他の人から気がついてもらえたらうれしいこと――職場の人から、友人から、恋人から、夫婦間……自分が「こんな変化に気がついてもらえたらうれしいな」と思うことを挙げてみてください。

②あなたの周りにいる人を思い浮かべて、「この人はどんな変化に気がついたら喜んでくれるだろうか？」について想定してみてください。

- 髪型、髪の色を変えた時
- 新しい服を着ている時
- 新しいネクタイをしている時
- 新しい靴を履いている時
- いつも使っている鞄を変えた時

- スリムになった時
- ネイルのデザインが変わった時
- 体調が悪い、いつもより表情がさえない、元気がない時
- 悩み事がある時
- 今までできなかったことができるようになった時

相手によって、さまざまな変化が想定できるのではないでしょうか？

ただし、人の変化に気がつき「人の心を動かす」影響力を得るためには、絶対に守らなければならないルールがあります。

①相手が触れてほしくないことには触れない

②相手が褒めてほしい、気にかけてほしいところにフォーカスして気づき、褒める

要は、「相手が不快になるようなことには触れてはいけない」ということです。

本人が「最近、太ってきたかな？」と気にしている相手に「これは変化だ！」と思い、「お？　ちょっと太ったでしょ？」とデリカシーなく伝えるのはＮＧです。

そして、同じ変化であっても、その変化に触れてほしい相手と触れてほしくない相手がいることも理解しておきましょう。

相手の変化に気がついてひと声かける前に、**「自分がこの変化に気がついて相手を褒めたり気遣ったりすることで、相手は喜んでくれるのか？」**を、必ず自分の中で確認する工程を入れてください。

人の心を動かす「神トレ」

これからの１カ月で、自分の周囲にいる人の「どの変化」に気がつくかを決めよう。
そして、その変化が周囲に起きた際には、褒めたり、気遣ったりする言葉をかけてみよう。

SNSを活用して「相手が凹んでいる時に」声をかける

私たちが「この人がいてくれて本当によかった」と思える瞬間には、どんな場面があるでしょうか?

もちろんさまざまな場面があるとは思いますが、次の2つだったら、どちらですか?

A あなたが調子のいい時、成果を挙げている時に、「力を貸すよ!」と言ってくれる人

B あなたが調子の悪い時、落ち込んでいる時、思うように力が発揮できず成果も挙げられていない時に、「力になるよ!」と言ってくれる人

多くの人がBのケースだと答えるでしょう。

それはなぜか?

そう、Bのケースのほうが「安心感」も「自己重要感」も損なわれている状況だか

らです。

「こんな状況でも、この人は気にかけてくれるんだ」「いつも味方でいてくれるんだ」と安心感を抱き、同時に「自分はこの人から心配してもらえる存在なんだ」と自己重要感も満たされるのです。

あなたの大切な人や周囲にいる人がいつもと違う雰囲気だったり、メールでのやり取り、SNSでの発信などを見て「あれ？　元気がないな」と思ったら、ひと言、「心配しているよ」「気にかけているよ」ということを伝えるだけで、相手はあなたに対しての感謝とともに、信頼を増すことになるのです。

特に何かに気づかなくても、あまり頻繁《ひんぱん》に会うことのない人に「最近、元気にしてる？」とひと言伝えるだけで、あなたの魅力はさらに大きくなります。

人の心を動かす「神トレ」

あなたの周りに「元気がない」「いつもと雰囲気が違う」と感じられる人がいたら、「気にかけているよ」と伝わるひと言をかけてみましょう。

「豪華な誕生日」より「お祝いする回数」が大事

「あなたのことをいつも大切に思っています」

「あなたに喜んでもらいたいと思っています」

……それを相手に伝えることができれば、当然、相手の自己重要感は満たされます。

そのために日常で簡単にできることと言えば？

そう、**「お祝い」**をしたり、**「贈り物」**をすることです。


でも「相手の誕生日にプレゼントを贈る」なんてことは、多くの人が思いつくでしょう。

誰しもが思いつくのに、あなただけ何もしないのでは、相手は「他の人はみんな声をかけてくれるのに、あなただけ声をかけてくれない」＝「あなたは自分のことは別に大切に思ってくれていない」と感じてしまうでしょう。あなたに対しての信頼感や人望も失われることになります。

だから、自分と関わる人の誕生日にお祝いの声をかけるのはマスト。最低限の行いと言えます。さらに、伝え方しだいで人生を思い通りにするには、**「他の人がやらないこと」をする必要があります。**

では、ここであなたに質問です。

【質問】 あなたの周りの人には「誕生日以外」でどんな記念日、お祝いすべきタイミングがあるでしょうか？

もちろん、あなたの周りにいる人がどんな人かによって、答えは変わってくるはずです。

たとえば私の場合、周りには「経営者」や「作家」といった人が多いので、誕生日以外となると、「会社の設立記念日」や「新店舗のオープン」「新刊本の発売」などが考えられます。

相手の結婚記念日、入社した日、昇進や何らかの周年記念、もちろん、結婚のお祝いや出産のお祝いなど、人にはそれぞれ「お祝いに値する」さまざまなタイミングが必ずあるはずです。

大切なのは、その際、ちゃんとそのタイミングを逃さずに言葉を伝えたり、贈り物をする、ということ。**豪華なプレゼント品よりも、「私はあなたのことを気にかけていますよ」という思いのほうが大事なのです。**

あなたのその気持ちが相手に伝わると、相手の中で自己重要感が満たされるとともに、**「返報性の法則」**が働き、相手もあなたのことを大切に思ってくれるようになるのです。

人の心を動かす「神トレ」

誕生日以外にあなたの周りの人に関するお祝い事、記念すべきことにはどんなものがあるかを書き出して、日付を入れてみよう。その日が来たら、お祝いの言葉を忘れずに。また、ちょっとした贈り物をしてみよう。

感謝のタイミング「お礼には鮮度がある」

「ありがとう」を言われることが自分の自己重要感を満たす……。これはあなたにもピンとくるはずです。

私たちは日常で、さまざまな人の助けを受けています。誰かに助けられた時に「ありがとう」と伝えるのは当然ですが、実は〝助けられた時以外〟にも感謝の気持ち、「お礼」を伝えられる機会がたくさん存在します。

ここで、あなたの**「感謝偏差値テスト」**をしてみましょう。

今から1分間で、あなたの日常で、誰かに「ありがとう」と伝えられる場面を挙げてください。

では、スタート！

いかがでしたでしょうか？　いくつ書き出すことができたでしょうか？

1分間で10個以上挙げることができれば、あなたの「感謝偏差値」は抜群です。もうすでに周りからの人望も厚いでしょう。

7～9個挙げることができれば、感謝偏差値は優秀。あと一歩で素晴らしい影響力を身につけることができます。

5～6個挙げることができたら、ほぼ平均的な位置にいます。ただし、この本に書かれていることを実行すれば、人望も影響力もすぐに獲得することができるでしょう。

5個未満の場合は、この本に出会えて本当にラッキーだったと思います！


ただし、実は大切なのは書き出した数だけではありません。今書き出した場面での感謝も、「あること」が抜けていると、まったく自分の気持ちが伝わらないことになります。それどころか、逆にあなたの評価を下げてしまうのです。

その「あること」とは、「お礼の早さ」。つまり**「お礼には『鮮度』がある」**ということです。

たとえば、あなたが友達の誕生日に花を贈る際……。数日前には友達の自宅への配送を手配し、誕生日当日を迎えました。友達が仕事を終えて家に着く頃に届くように時間指定していて、いよいよその時間になりました。

この時、あなたはどんな気持ちになっているかを想像してみてください。


「そろそろ着くかな？」

「帰宅していてちゃんと受け取れるかな？」

「喜んでくれるかな？」


そんな気持ちがあるはずです。

友達が帰宅して花が届いたであろう時間……。しかし友達から連絡はありません。

あなたはどんな気持ちで1日を終えるでしょう？

そして次の日……。やはり友達からの連絡はありません。その次の日も、その次の日も。

そして1カ月後。その友達と会う機会があり、その時にやっと「そういえば、誕生日の時にお花贈ってくれてありがとう！」と相手が伝えてきました。
正直なところ、あなたはどんな気持ちになるでしょうか？

「別に『ありがとう』と言われたくてしたわけじゃないから、1カ月後でもいつでもよかった」と思える人もいるでしょう。ただ、**人間心理としては、どこか〝残念な気持ち〟になってしまうのも事実**です。

「お礼には『鮮度』がある」という意味が、もうおわかりでしょう。
人は日常で「ありがとう」というひと言で満たされる場面がたくさんあります。ただし、その「ありがとう」も鮮度が悪い、つまり反応が遅いと、人によっては「せっかく花を贈ったのに、1カ月後に『ありがとう』なんてありえない」となるのです。

人は「反応を待っている」のです。反応上手は喜ばせ上手なのです。
「自分がしたことで相手は喜んでくれるのだろうか？」——そして実際に相手が喜んでくれたら、私たちの脳は「自分は相手が喜んでくれるようなことができた」と認識して、自己重要感が満たされるのです。

誰かに「ありがとう」と感謝を伝えることがあるのなら、「鮮度のいいうちに」「相手がほしいタイミング」で。

そうすることで、あなたの人望も人を動かす力もますます高まっていきます。

人の心を動かす「神トレ」

今、この時点で誰かに「ありがとう」を言い忘れていることはありませんか? あるのなら本を読むのを止めて、まずは「ありがとう」と伝えよう。

人生を好転させる「ポジティブ・ゴシッピング」

コミュニケーションに関する本では「本人がいないところで褒めよう」ということがよく書かれています。たしかに、それは有効です。

前章でも述べましたが、アメリカのオハイオ州立大学で行われた実験では、**「他人のことを積極的に褒める『ポジティブ・ゴシッピング(前向きな噂話)』をする人ほ**

ど、相手から親密感を持たれる」ということもわかっています。「自分がいないところで褒められていた」ということは、「自分が褒められるに値する存在である」ということに対しての真実性が高いのだと実感できるからです。

本人がその場にいるわけではないので、お世辞や、やる気を引き出すため、といった意図を持ってわざと褒める必要性はありません。にもかかわらずわざわざ褒めてくれたということで、「本当に褒めてくれている」＝「本当に自分には価値がある」と実感できるわけです。

そう、「本人がいないところでその人のことを褒める」というのは、相手の自己重要感を深く満たします。「人の心を動かす」影響力を持っている人は、本人がいないところでの〝褒めの陰口〟がとても上手です。

ただし、本人がいないところで褒めているからといって、本人に直接褒めなくていいのか？　というと、それとこれとは話は別。

「お礼には鮮度がある」というお話をしましたが、「褒める」ことにも鮮度がありま す。**「相手が褒めてほしい」と思うタイミングで褒めてあげることが大切です。**

ちょっと想像してみてください。あなたが営業職だとして、見事に大型契約を獲得したとします。そのことを上司である課長に報告したところ、何も褒めてくれない……。そして後日、同僚から「お前が帰った後に、課長、お前のこと褒めてたぞ」と言われても……、少しはうれしいかもしれませんが、「それならその時にちゃんと褒めてくれよ！」と思う気持ちが湧くはずです。

「相手が褒めてほしいタイミング」で褒めてあげて、そしてその後に「褒める陰口」を言う。

この二段構えこそ、人からの信頼と人望を集める上手な方法なのです。

人の心を動かす「神トレ」

今日、あなたに関わる人のうち5人を褒める「陰口」をたたいてみよう。この陰口は、本人からも喜んでもらえて、話をしている相手からも親密感を持ってもらえるという、私たちにメリットしかないトレーニングなんです！

第３章のまとめ

▼人の名前を覚えて、名前を意識して呼ぶ。相手の名前を省略しない。

▼「褒める」→「アドバイス」→「褒める」のサンドイッチ方式。

▼人は自分の話を聞いてくれることで自己重要感が満たされる。質問で会話の主導権を握り、相手には話をさせよう。

▼感情表現豊かに反応する。あなたの感情表現が相手の自己重要感を満たす役目をする。

▼周りにいる人のどんな変化に気がつくかを事前に決める。

▼「ありがとう」には鮮度があることを肝に銘じる。

▼他の人のいい噂を流す。

第4章

相手が「自分の思い通りに動いてくれる」新世界へ

周囲の人々が「自分で考えて動く」ようになる

もしあなたが「優れたリーダーになりたい」「多くの人を味方にしたい」と考えているのであれば、必ずマスターすべきは**「相手に気づかせる技術」**になります。

A「こちらの意図を実際に言葉にして相手に伝えて、動いてもらう」

B「日常の何気ないコミュニケーションの中で、こちらの意図を相手が自分で気がつくように会話をして、自らの意志で自然と動いてもらう」

この2つには、人を動かすうえで天と地ほどの差があるのです。

Bの方法を日常のさまざまな場面で応用できるようになると、**あなたの周りの人は面白いように「自分で考えて動く」ようになるので、あなたのあらゆる負担は驚くほど軽くなります。**

それと同時に、相手は「自分で気づいて行動している」と実感し、あなたに関わる人は、あなたと関わることで自分が成長していると感じ、その結果、あなたへ寄せる信頼も大きくなります。

では、日常で相手に「自分で何をすればいいのか?」を気づかせるメカニズムについて、いよいよ解き明かしていきます。

そこでまずは、自分自身の日常を整理してみましょう。

【質問】　あなたは日頃、どんな場面で、どんな人に、アドバイスや指示をすることがあるでしょうか?

・会社で管理職として部下にアドバイスや指示を出す場面を想定してみてください
・親として子供に「こうしなさい」と指示をしている場面を想定してみてください
・先生として生徒やクライアントにアドバイスをする場面を想定してみてください
・友人や家族、恋人から相談を持ちかけられた時の場面を想定してみてください

こういった場面を事前に想定することで、あなたの脳が「あの状況ならどう活用できるかな？」「どのように実行しようかな？」と考えるようになります。

その結果、**あなたが本から得た知識を日常で活用する確率が高くなり、あなた自身が大きく変わるのです。**

ここで、もう1つ質問です。

【質問】　あなたが相手からアドバイスや指示を出された際、「よし、やろう！」という気持ちになるのは、どちらの場合でしょうか？

A　相手が考えた方法で「これをやってみて」と言われる場合

B　自分が考えた方法を相手から「それでやってみて」と言われる場合

ここではシンプルに、「どちらのほうがやる気になるか？」だけで考えてみてください。

「どちらでも〝うまくいく〟のであれば、それは自分が考えた方法でやれるBの場合だよ」

そう答える人がほとんどだと思います。実際に私もクライアントにこの質問をすると、ほとんどの人がBと答えます。

では、いったいなぜ私たちはBの答えを選ぶのでしょうか？

なぜ、Bのほうが「よし、やろう！」と感じるのでしょうか？

まず大前提として、あなた自身が**「話を聞くに値する日常の姿」**を周囲に示せているかが重要であることは当然です（第1章参照）。

この部分に問題がない場合、次はどのようなことを考えてコミュニケーションを取れば相手が動くのか？

そう、キーワードは**「安心感」**（第2章）と**「自己重要感」**（第3章）になります。

ここで考えるべきなのは、AとBどちらの選択肢のほうが「安心感」と「自己重要感」を感じることができるか？　ということ。それが判断のポイントです。

「相手が途中で裏切ったりしない」という前提条件があれば、どちらの選択肢でも「安心感」はある程度満たされています。

では、「自己重要感」は？

Aの場合は、「相手が考えた」＝「自分の考えは否定されている」もしくは「自分の考えは聞くに値しない」ということになります。これでは自己重要感は傷つけられている可能性もあり、満たされていないのは確実でしょう。

一方で、Bは「自分の考えた方法」で、しかも「やってみて」と言われている。言い換えると、「あなたに賛同します」と言ってもらえているようなものです。となれば、自己重要感は十分に満たされている。

そのため、安心感も自己重要感も満たされているBのほうが、自ら進んで行動に移すのです。

そう、これが「人が動く」メカニズムです。

このメカニズムを知っていれば、日常のさまざまな場面でも「どのようにアドバイス、指示をすると相手は動いてくれるのか?」を考えたうえでコミュニケーションを取ることができます。

相手が「自分で気づいた」という状況を意図的に作る

アドバイスや指示を出すべき相手の「自分で考えた方法・意見」が必ずしも「的確」だとは限りません。むしろ、相談をされているあなたが「うーん、その考え方ではうまくいかない」「いや、それよりもっと素晴らしいやり方があるのに……」と思うことのほうが多いでしょう。

そんな見当違いな答えが返ってきたり、自分のミスに気が付いていない時はどうやって相手にこちらが本当にしてほしいことに気が付いてもらえればいいのでしょうか。

簡単な例で解説しますね。

あなたが部下に、取引先へ送る書類の作成を依頼したとします。

あなたは部下に「自分のメールにＰＤＦ形式で提出してくれ」と依頼をしていました。部下には取引先からの書類提出の依頼メールも転送しており、その中にも「ＰＤＦでお願いします」の文言があります。

数日後、部下があなたにメールで提出した書類は、ＰＤＦ形式ではなく、Ｗｏｒｄ形式のもの。

さて、あなたなら、どのようにＰＤＦ形式の書類を再提出するように伝えるでしょうか？

「ＰＤＦにしたものを提出して」のひと言でも、業務は滞りなく進むでしょう。ただし、ここでは、「人の心を動かすコミュニケーションの本質」という観点からこの場面を分解していきますね。

まず、**絶対にやってはいけないのが「相手を否定すること」です。**「ＰＤＦで提出しろと言ったじゃないか！」「取引先からの依頼のメールまで送ってるんだから、ちゃんと確認しろよ」などの言葉で相手を否定することは、相手の安心感を損ない、自己重要感も傷つけます。相手は今後あなたのために動こうという気持ちにはならないでしょう。

「Ｗｏｒｄ形式ではなく、依頼したＰＤＦ形式で書類を提出してほしい」――この指示を、相手を否定せずに、自分で気づかせるには……。

「この資料ってＷｏｒｄ形式でよかったんだっけ？」

たとえば相手にそう質問すればいいのです。ミスを指摘するのではなく、書類の提出形式を自ら確認し直すことを促す。そうすることで、相手は自らのミスに自分で気づき、速やかに修正をします。相手には事前に再確認の機会を得た「安心感」を与えることができますし、「自己重要感」を傷つけることもありません。

ただし、**ここであなたが気をつけなくてはならないのは、相手がミスに気づいた時の反応です。**

部下　「ああっ！　すみません。ＷｏｒｄではなくＰＤＦでした」

この時に絶対にしてはいけないことは、やはり否定をすることです。「ほらな！

おかしいと思ったんだよ」「おいおい頼むよ！」「危なかった！　もっと注意してくれよ」などという反応は、相手の自己重要感を傷つけてしまいます。

「部下は自ら確認をして、自分が間違っていたということにすでに気づいている」——ここを重視しなければなりません。この時点で相手は一定の反省をしていて、同時に、上司であるあなたから怒られるかもしれないという恐怖心を抱いていることも考えられます。そこに追い打ちをかけるようなことをしてはならないのです。

部下「ああっ！　すみません。ＷｏｒｄではなくＰＤＦでした」
あなた「そうか！　ありがとう！　助かった！」

これが、相手の安心感と自己重要感を満たす、あなたの反応の一例です。ミスをした部分を取り上げるのではなく、「できた部分」（ここでは提出するファイル形式を再度確認したこと）に感謝されたことで、安心感と自己重要感が満たされるわけです。

そして相手はあなたのことを**「ミスをしても頭ごなしに怒るのではなく、できてい**

る部分に目を向けてくれる人なんだ」と認識してくれます。あなたへの安心感は増し、日常での相談やコミュニケーションが活発になり、あなたの言うことに耳を傾け、動いてくれるようになるのです。

特に**「助かった」という言葉はマジックフレーズ**です。相手からすれば、ミスの部分を再確認しただけなのに感謝された……あなたの懐《ふところ》の深さに感嘆しちゃいますよね。

このように、**単純に「相手に気づかせる」だけではなく、相手が気づいた時のあなたの反応もセットで考えなければならない**のです。

人の心を動かす「神トレ」

今日1日、すぐに答えを教えるのではなく、「答えに導くためのヒント」を与えて相手に気づかせるコミュニケーションを実行してみよう。

答えを教えすぎると「指示待ち人間」しか生まれない

部下やスタッフがなかなか育たない、相手が自主的に動いてくれない、積極性がない……そんな時は、相手に対して**「答えを教えすぎている」**可能性があります。つまり、前述の「相手に気づかせる」とは真逆のコミュニケーションを取ってしまっているということ。

あなたがいつも率先して「答えを教えてくれる」から、**「自分で考えて動く」という習慣が相手に根付いていない**のです。

とはいえ、こちらからすれば相手に〝すぐに〟動いてほしいので、時間効率も考えて手っ取り早く答えを教えてアドバイスや指示をするのが一般的です。

しかし、少し長い目で見れば、相手に考えさせず何もかも答えを教えるのは、いわゆる「指示待ち人間」を増やしてしまうだけ。**指示待ち人間が増えるということは、いつまでもあなたは指示を出すことから解放されないということでもあるのです。**

「人の心を動かす」影響力を持つ人は、「その人と関わるだけで、なぜかやる気が出てきたり、意欲が湧いてくる人」です。

では、いったいなぜ、相手はそのような気持ちになるのか？

それは、「自分でやってみたい」と思える「決定権」と、そこから来る高揚感が源となっているのです。

やることを一から十まですべて細かく指示されたら、このような感覚は生まれません。**「自分にもできそうな気がする」**という感覚は、言い換えれば**「自己重要感」の高揚**なのです。

あなたとの会話で「自らがどうすればいいのか？」「何をすべきなのか？」という答えに気づくことができるから、相手の自己重要感は自然と高まり、あなたと関わることも楽しくなるのです。

そのためには**「答えを教えない」と「相手に気づかせる」は、必ずセットで実行しなければなりません。**

そうすることで、あなたと関わる人は、あなたといるとどんどん自分が成長している感覚になり、あなたといることが楽しくなり、あなたの人望が高まるという好循環が生まれるのです。

最短・最速で人を育てるために必要なこと

「答えを教えない」と「相手に気づかせる」のセットを実行してみると、あなたは〝あること〟が気になるはずです。

それは、「相手がまったくの見当違いのことを言ってきた場合はどうすべきか？」ということ。

相手の発言が見当違いの時は、多くの人は「はぁ？」とイラついたり、「はぁー」とため息をつきたくなってしまうもの。

でも、そんな時こそ、**「（多くの）人とは違う」対応ができるか**が重要です。

たとえば、あなたが部下にイベントの告知と取引先の招待を任せていたとします。

あなたが部下に出していた指示は「開催日1カ月前に、先方に案内状を送るように」ということです。

さあ、イベント開催1カ月前が迫ってきたので、あなたは部下に、案内状の進捗《しんちょく》を確認しました。

あなた「○○くん。以前に任せていたイベントの招待状の件だけど、順調かな？　いつ、案内を出す予定なのかな？」

部下「招待状の件ですね。あれは、イベントの2週間前に出そうと思っていました」

あなた「2週間前？　招待状は1カ月前に出せと言ったよね？　普通に考えてさあ、2週間前に招待されて、そんなすぐに都合つけられると思う？　それくらいわかるでしょ。今やってる仕事を止めて、すぐに招待状の作成にあたって！」

「自己重要感」を、これでもか！　というくらい傷つける発言の連続ですね。

この後、この部下はもちろんあなたの指示通りにしぶしぶながらも「動いて」くれます。

しかしながら、あなたに対しての信頼度や忠誠心、仕事への意欲が高まることはあません。

この一連のやりとりを見たあなたは「出した指示に対して、この部下の見当違いの認識では、そりゃ、こう言いたくなるのもわかるよ」と思うかもしれません。

しかし、**人は育てなければなりません。一つひとつのことをできるようにしてこそ、最終的に手がかからなくなるのです。**

- 「感情的に対応して」相手の自己重要感を傷つけて、仕事に対しての前向きな気持ちを奪い、なかなか成長させることができない。
- 最短で人を育てるために、相手の自己重要感を傷つけることなく、「新しいことを実行しよう」という成長する意欲を持たせ、最終的に相手の成長によって自分が楽をでき、さらに人望も人を動かす力も持つ。

……どちらがいいかは、もはや明白ですよね。

最高のリーダーが実践するコミュニケーション術

それでは、相手が成長意欲を持ち、さらにあなたへの人望や信頼度も高まるような対応とは、どのようなものなのでしょうか？　先ほどの例で解説しましょう。

あなた「○○くん。以前に任せていたイベントの招待状の件だけど、順調かな？　いつ、案内を出す予定なのかな？」

部下「招待状の件ですね。あれは、イベントの2週間前に出そうと思っていました」

あなた「そうか、2週間前か。**2週間前って、どうやって決めたんだっけ？**」（1カ月前に出すようにと指示していたので、そのことに気づかせようとする質問）

部下「それくらいでいいかなと」（1カ月前に出すようにと指示されたことを忘れている）

あなた「なるほど。招待状の作成依頼をする時に、どれくらい前に出すようにと期日まで伝えていなかったかな？」**（あくまでも指摘をするのではなく、相手に気づか**

せる質問を忍耐強く繰り返す。答えは教えない）

部下「あっ、言われましたっけ？　言われなかったと思いますが」（まだ気づかない）

あなた「そうか。そうしたらイベントに取引先の重役を招待するとしたら、どれくらい前に出すのがいいと思う？」

部下「はい、なので2週間前だと思いました」

あなた「なるほどね。そうしたら、イベントに取引先の重役を招待して**『確実に』**参加してもらうためには、どれくらい前に案内を出すといいかな？　普通の担当者を招待するならともかく、今回は重役の方に来ていただきたいから。忙しい人のスケジュールを押さえるには、念には念を入れたいからね」**（相手が気づかないことを否定しない。相手が出してきた答えを正さない。答えも言わない。気づかせる質問を粘り強く続ける）**

部下「そうですね。たしかに、それだと2週間前だとすでにスケジュールがあると断られる可能性があります。そしたら、**1カ月前には出したほうがいい**かもしれませんね」（やっとこちらが言いたい答えに気がついてくれた）

あなた「そうだよね。私もそう思う。タイミングとしても今は1カ月前でちょうどいいから、さっそくお願いできるかな？」

部下「はい、わかりました！」

どうでしょうか？

なかなか忍耐がいることではありますが、間違いなく言えることは、自分の部下やスタッフ、後輩などに対してこのようにコミュニケーションを取ることができている人は、なかなかいないということです。

つまり、**このような対応ができれば、私たちは他の人とは比べものにならないほど相手の心をつかむ力を手にすることができるということです。**

どんな相手に対しても「神対応」できる4つのルール

先ほどの例で、相手が見当違いの発言をした際に、**「相手が出してきた答えを正さない」**という部分に注目してみてください。

私たち人間はつい、自分の主張と違ったり、明らかに間違っていることを言われると、それを「正したく」なります。なぜなら、次のようなメカニズムが働き、自らの自己重要感が傷つけられたと感じるからです。

「自分が伝えたことが認識されていない」

↓

「自分のことを大切に扱われていない」

↓

「自分の存在を否定されたくないから、相手の間違いを指摘して、自分の存在意義を確立する」

ただし、「賢い人」「人望がある人」「影響力がある人」は、こうした場面において**「自分の傷ついた自己重要感を取り戻すことよりも、人を育てること、人の自己重要感を傷つけないこと、人の心を動かすことのほうを優先させる」**のです。

だからこそ、相手の発言を「正す」ことはしません。それが相手に対して自己重要感を傷つけることになるのを知っているからです。

さらに、感情的な対応をせずに、冷静に「否定をしない」「気づかせる」「答えを言わない」「正さない」という「人を動かす魔法のメソッド」をやりきった時に、それらを実践した自分の自己重要感が満たされることも知っています。

「否定をしない」＋「気づかせる」＋「答えを言わない」＋「正さない」

この4つのルールをセットで日頃から実践できるようになれば、信頼を得るというレベルではなく、あなたの周りに自然と多くの人が集まり、あなたの味方となり、あなたのために何か協力できることはないかと向こうからお願いしてくるような状態になります。

人の心を動かす「神トレ」

今日から1週間、人が間違っていることを言っていても、間違いを指摘したり、正すことをやめよう。

期限の設定は相手に自分で決めさせる

「話を聞くに値する振る舞いができている」
「相手の安心感、自己重要感を満たすことをしている」

これらをクリアできたという前提で、人を動かすうえでさらに必要不可欠な要素があります。それは**「期限の設定」**。

たとえば、「提出期限のない夏休みの宿題」があったら?
「いつでもいいから宿題やってね」とだけ言われて、督促も罰則もない……。これでは、ごく一部のもともとやる気満々の人くらいしか動くことはないでしょう。

そう、**期限が定められているからこそ、人は動く**のです。

スタンフォード大学の心理学者エイモス・トベルスキーの実験によると、学生たちに提出の期限を設けず「アンケートに答えて提出してくれたら謝礼として5ドル支払いますか」と持ちかけたところ、実際にアンケートに答えて提出したのは全体の25％にすぎなかったといいます。

では、あなたが人に何かを依頼したり、指示を出したりする時には、単純に期限さえ決めればいいのかと言うと、実はそれだけでは不十分。

なぜなら、**「期限の設定」は時として相手に不満を抱かせ、行動する意欲を失わせることにもなりかねないから**です。

たとえば、あなたが会社で帰宅する準備をしている時に上司から「悪いけど、この資料を明日までにまとめておいてくれる？」（期限＝明日）と言われたら、どう思いますか？

「明日まで」と期限が設定されたから、あなたは仕方なく行動（資料の整理）に移るかもしれませんが、そこには納得感もない。いやいやながら作業をするだけでしょう。

その結果、決められた期限までに作業を終わらせることができたとしても、あなたは達成感を得られるでしょうか？　自己重要感は満たされるでしょうか？　多少なりとも「やりきった」「やっと終わった」という安堵感を得られても、それ以上に大きくなるのは〝上司への不満〟のはずです。

そう、「『期限の設定』は、人を動かすうえで必要不可欠ではあるけれど、こちら側で決めなくてもいい場合であれば、こちら側で決めてはいけない」のです。

つまり、**「『期限』は相手に自分で決めさせる」**ことがもっとも望ましい。

「人に決められた期限」と「自分で決めた期限」――どちらのほうがより前向きに行動に取り組むでしょう？

「自分で決めたのだから、やらなければならない」

そう思うのが人間の心理です。そして、自分で期限を決めることで、行動に「やらされ感」がなくなるのです。

では、どのようにすれば相手が自ら期限を決めてくれるようになるのか？

その方法はとてもシンプルで、難しいことは何もありません。

「どれくらいでできそう？」と聞くだけ。

では、相手に「どれくらいでできそう？」と聞いて、本当はあなたが1週間でやってほしいところを「2週間」と答えられてしまった時は？

「来週の月曜日の会議で使うんだけど、どれくらいでできそうかな？」

このように「1週間」と答えてもらえるような**「なぜその日までに仕上げないといけないのかという明確な理由」**を添えて伝えればいいのです。

ハーバード大学の実験で次のようなものがあります。

図書館でコピー機を使っている人に「すみません、5枚だけなのですが、先にコピーを取らせていただけませんか？」とお願いした場合、60％の人がOKと言ってくれました。一方、お願いの仕方を「すみません。5枚だけなのですが、先にコピーを取らせていただけませんか？　急いでいるので」と最後に理由を加えた場合は、なんと94％の人がOKと言ってくれました。

つまり、**人は理由を添えられると相手の要望を受け入れやすくなることが科学的にわかっている**のです。

・期限は相手に決めさせる
・私たちの意図通りの答えが返ってくるように理由を添える

そうするだけで、相手は自らこちらの意図通りに動いてくれるようになります。

人の心を動かす「神トレ」

自分が意図する期限を相手に答えてもらえるような聞き方を考えてみよう。

やってほしいことを定着させるには「徹底的に褒める」

トラブルが起きたら詳細をきちんと報告してくれる、家事を手伝ってくれる、励ましの言葉をくれる、前にちょっと話しただけのことを覚えていてくれる……など、「できれば、またやってほしいこと」「これからも相手にそうしてもらいたいこと」はさまざまな相手、さまざまなシチュエーションでいろいろ考えられるでしょう。

実は、そんな「またやってほしいこと」を相手が繰り返してくれるようになる方法があります。

それは、**「あなたが今後もしてもらいたいことを相手がしてくれた時に、最低3回は時間を空けて褒める」**ということです。

「パブロフの犬」という条件反射の話を知っているでしょうか？

餌を出す時に毎回鈴を鳴らしていたら、鈴の音を聞くだけでヨダレを出すようになった、という実験結果があります。

つまり、これを応用すると、あなたがしてほしい行動を相手がする、すぐ褒める。行動をする、すぐ褒める。行動をする、すぐ褒める。

これらを繰り返せば、**相手の脳は「これをすると褒められる」と認識し、「褒められる」ことは承認欲求が満たされますから、また報酬を求めて「やろう！」となるのです。**

とはいえ、「やってほしいことを全くしてくれない」ということもあると思います。

そのような全くしてくれない場合の対処法をお伝えします。

何よりもまず、どうしてほしいのかを伝えることから始めないといけないのは、もっともな話ですが、多くの人が言われたらそうだと思うけどやっていないことです。

まずは、相手にどうしてほしいかを伝えて「1回だけでいいからしてほしい」とお願いしてください。そして、1回だけでいいのであなたが望む行動をさせてください。

そして、あなたが望んでくれることをしてくれた時は、全力で褒めてください。これは、もちろん褒めることで相手の自己重要感を満たす効果もありますが、**一番の目的は相手の脳に「これをすると褒められるんだ」という記憶を残すこと**にあります。

私たちは日常の選択や行動は全て過去の記憶に基づいて、実行するかしないかを判断しています。ですから、**あなたがやってほしいことを相手がしてくれた時に「とても感謝された」という記憶を残すことで、相手はまたやりたい、やろうと思うようになるのです。**

しかしながら、**1回褒めただけでは記憶には残らないのもまた事実**です。**私たちの脳は、「何回も反復されたもの」とともに「強い感情が伴ったもの」を記憶として残そうとします。**だからこそ〝全力で〟褒めたたえ、〝全力で〟感謝の気持ちを伝えるのです。

たとえば、旦那さんが帰宅後に脱いだものを洗濯カゴに入れてくれたら、その瞬間に「ちゃんと入れてくれた！　うれしい！」と褒めます。その後、夕食を食べている時にもう一度「さっきはうれしかった。やればできる人なのね」と褒めながら、自分がうれしい気持ちになったことを伝えます。そして、寝る前に「今日は洗濯カゴに入れてくれてありがとう。本当にうれしかった」と伝えます。

さらに、次の日の朝、相手が出かける時にも、「昨日は洗濯カゴに入れてくれてありがとう」と伝えます。

相手としては「脱いだものを洗濯カゴに入れただけなのに、これだけ褒められる、感謝される、喜んでもらえるんだ」という体験が記憶に残るわけです。

つまり、たった1回のことでも、後から何回も引き合いに出せばいいのです。

こうして記憶に残すことで、相手には「また喜んでもらいたいから、今日もちゃんと洗濯カゴに入れよう」という「報酬を得たい」気持ちが芽生えます。

同時に「昨日あれだけ感謝されたのに、今日はそこらへんに脱ぎ捨てたらがっかりされるかもしれない」＝「自己重要感が傷つく可能性がある」と感じます。

この２つの心理的な作用によって、結果的に昨日と同じように洗濯カゴに脱いだものを入れてくれるようになるのです。

この後、私たちがやることはもうわかっていますね？

そう、**また何回も何回も褒めるのです**。これを何度も何度も毎回欠かさず実践していくことで、相手に対して自分がやってほしいと思うことを定着させることが可能となります。

人の心を動かす「神トレ」

まずは「誰にどんなことをしてほしいか」を書き出してみよう。そして、相手に「こうしてほしい」と伝えます。あなたが望むことをしてくれたら、最低3回は「うれしかった」ということを反復して伝えよう。それ以降同じことをしてくれたら、同じように最低3回以上、毎回感謝して褒めてください。

「ありがとう」を伝えた分だけ味方が増える法則

本書でお伝えしているさまざまなコミュニケーションの極意は、私自身がこれまで1万人以上の方々に講演会や勉強会で教えてきた実績の中で、当然のことながら実際に効果があったものばかりです。

そんなさまざまな実践的な手法の中でも、状況や相手の立場等に関係なく、またどんな会話でも、どんなシチュエーションにおいても相手の自己重要感を高める〝万能〟の方法があります。

あなたがこれを当たり前のように実践できるようになると、相手は「あなたとしか関わりたくない」「あなたとしか仕事をしたくない」「あなたのために頑張りたい」と思うまでになるでしょう。

その魔法のような方法とは**「『ありがとう』を口癖にする」ことです**。

ただし「ただ口癖にすればいい」というレベルではいけません。何を言われても、何を聞いても、まずあなたから出てくる言葉が「ありがとう」であるというレベルです。

極端に言えば、あなたが名前を呼ばれた時、「何?」と返事をする前に、「ありがとう! 何?」と返してしまう。もはや口癖ではなく、**「反射」のレベル**です。


最大のポイントは、「相手の名前」+「ありがとう」のセット。

「相手の名前を呼ぶことの大切さ」については、第3章でお話しした通りです。

「ありがとう」という言葉も、単なる「ありがとう」と「名前+ありがとう」では、まったく印象が違うことにお気づきでしょうか?


(何かをしてもらった際に)

「ありがとう」

「○○さん(自分の名前を当てはめてください)、ありがとう」


……名前を呼ばれた時のほうが、うれしい気持ちになりませんか?

これは、**名前を呼ばれたことで「自分のことを認識してくれている」と実感できる**

のと同時に、「〇〇さん」と相手が自分の名前を呼ぶ「声」を聞くことで、音声情報として客観的に「〇〇（自分）は今、感謝されている」ことが明確になり、自己重要感が高まるというメカニズムがあるためです。

では、私たちは日常でどんな時に「ありがとう」を使っているのでしょうか？

【質問】　あなたが日常で「ありがとう」と言っている場面を書き出してみてください。

「えっ？　こんな時まで？」と思える場面はありましたか？

- 部下がミスに気がついて報告してくれた時→「◯◯さん、自ら気づいて教えてくれてありがとう」
- 友人があなたのことを批判してきた時→「◯◯さん、そんなに心配してくれてありがとう」
- 恋人から待ち合わせに遅れると連絡があった時→「◯◯さん、連絡してくれてありがとう」

「ありがとうを伝える回数」は「味方の数」。

〝反射的に〟「ありがとう」が出てくるようになれば、あなたの人を動かす影響力は絶大なものになります。

〝反射的に〟「ありがとう」が出てくるようになるために有効なトレーニングがあります。ちなみに、私自身もそのトレーニングで「ありがとう」を口癖にした1人です。

ある朝自宅で目を覚ました私は、まだちょっと寝ぼけていたせいか、ベッドの角に右足の小指を思いっきりぶつけてしまいました。でも、その時に出てきた言葉は、「痛い‼」ではなく、「ありがとう！」でした。すると不思議なことに、「ありがとう」と言ったことで、**何かしら「ありがたいと思う理由」を自分で探すんですね。**その時は「いつもよりも一瞬で目が覚めた！」なんて思った記憶があります。

いずれにしろ、〝反射的に〟「ありがとう」が出る状態とはこういうことを言うのだとイメージしてください。

では、そのトレーニング方法をご紹介しましょう。

人の心を動かす「神トレ」

「ありがとう」を1日3000回言おう。約40分間「ありがとう」と言い続けると3000回に到達します。これを1カ月続けると、何も考えずに反射的に「ありがとう」が出てくるようになります。

前著『神メンタル』で詳しくお話ししましたが、**「習慣化」のポイントは「すでに毎日していることに付け加える」**です。あなたの日常を振り返って、毎日やることで40分かかることを探しましょう。それをする時にずっと「ありがとう、ありがとう、ありがとう……」と言い続けましょう。

私の場合は朝起きてから出かけるまでの準備をするのが40分ほどだったので、朝起きてシャワーを浴び始めた時から「ありがとう、ありがとう、ありがとう……」と念仏のように言い続けていました。

このトレーニングは、私の人生を変えてくれたトレーニングの1つと言ってもいいくらいです。ぜひ、1カ月継続して実行してみてくださいね。

相手以上に相手のことを信じ切る

「やりたいと思っていることがあるのに、挑戦する一歩を踏み出すことができない」という経験をしたことはないでしょうか？

もし「そんな時に背中を押してくれる人がいて、うまくいった」としたら、その人はあなたにとって、どんな存在になるでしょうか？

・人生の恩人
・一生感謝し続けたい
・今度は自分がその人のためにいつでも力になりたい

私たちが誰かにとってそんな存在になることができたら、まさしく「人の心を動かす」影響力を手にしたと言えるでしょう。


私の教え子に、「主婦」と「経営者」の2つの顔を持つ人がいます。

私と出会った時の彼女は、3人の子育てに追われて家から出ることもほとんどできず、でもこのまま専業主婦で終わるのは嫌だと強く思っていた——そんな状態でした。

そして、私は彼女の起業のお手伝いをして、2015年に会社を設立。今では彼女は全国にお客様を持ち、海外とも取引をする法人の代表取締役として活躍するまでになりました。今でも毎年、会社の設立記念日にはパーティーに招待してくれています。

「あの設立当初の大変な時期に、星さんだけが〝大丈夫。絶対できるから〟と背中を押し続けてくれましたよね。それが私の支えになりました」

彼女はパーティーの席で毎回、私にそう言ってくれます。

なぜ私たち人間はやりたいことがあるのに、一歩を踏み出すのを躊躇《ちゅうちょ》するのか？

それは**「不安」**だから。

私も「会社員を辞めて独立起業」という大きな決断をした身ですから、よくわかります。挑戦してみたいけれど、そんなに簡単にうまくいくことはない……。無一文になったらどうしよう……。そんな、不安をますます大きくする言葉にとらわれて、最初の一歩を踏み出すことができないのです。

人が動くために「安心感」が必須条件であることは、何度も繰り返しお話ししました。ですから、私はいつも自分のクライアントや教え子に対しては、結果が出るまでけっして見捨てることなく責任を持つと決めていました。そして**「大丈夫、あなたなら絶対にできるから」**という言葉をかけ続けました。

もちろん、それは私の本心からの言葉です。

私はこれまで、経営者、起業家、一部上場企業のエリート社員、外資系生命保険営業マン、モデル、俳優、女優、客室乗務員、アナウンサー、サロン経営者、学習塾経営者、大学教授、教員等々、さまざまな方々の相談に乗ってきました。

そこで一貫しているのは、**「本人以上に本人のことを信じる」**こと。

そして、それを心の中にしまっておくのではなく、言葉にして本人に伝えること。

私のひと言で「安心感」と「自己重要感」を充足させ、行動することができるのであれば、自分の大切な人の支えになりたいと思ったからです。

あなたは大切な人、関わる人に「安心感」を与えるような、そして「自己重要感」を満たしてあげるような言葉をかけていますか？

人の心を動かす「神トレ」

あなたの日常で誰にどんな「信頼していると伝わる言葉」「見守ってくれている人がいる、味方がいると伝わる言葉」をかけられるでしょうか？　書き出してみてください。

相手の面子を潰さずに「逃げ道」を用意しておく

突然ですが、あなたがアパレルショップの販売員だったとします。

お店にお客様がやってきて、「先日このお店で買った洋服が、サイズが合わなかったから返品したい」と言ってきました。

しかし、その洋服を見ると明らかに何度か使用した形跡が……。

あなたは、「一度、ご利用になられたものは返品には応じかねます」と伝えるのですが、お客様は「この服は一度も着ていない」の一点張り。感情的になっている。

そんなやり取りをしていると、お客様が返品を申し出ている〝一度も着ていない〟と主張する服に、クリーニングに出した際のタグがついているのを発見。

さて、この時にあなたならどんな対応をするでしょうか？

相手が感情的に「とにかく返品させろ」と言い続けている時に、相手が明らかに嘘をついていることがわかったら、少しは反撃したくなってしまうのが人間の性《さが》かもしれません。

だからといって、こちらも**感情的になっては問題はさらに悪化する**だけ。

「お客様、これは何ですか？　クリーニングのタグですよね。明らかに使用したということではありませんか！」――そう言いたくなる気持ちもわかりますが、それでは相手は振り上げた拳《こぶし》の下ろしどころがない。その場は収まっても、こちらのことをどこでどんなふうに言うかわかりません。

そう、だから**「相手の面子《メンツ》を潰してはいけない」**のです。

「相手の面子を潰す」とは、「相手の自己重要感を傷つける」ことですから、相手は傷つけられた自己重要感を取り戻そうとするあまり、何をするかわかりません。

人を動かす力とは「敵を作らない」ことにも応用できます。この場合だと「明らかな嘘をついている」という証拠があるけれども、「どうやって相手の自己重要感を傷つけないでお引き取りいただくか？」を考えるべきなのです。

たとえば、こんな方法が考えられます。

お客様「とにかく、一度も使用なんてしてないから返品させてください!!」

あなた「お客様、失礼ですが、こちらのタグは……クリーニングに出されたみたいですが……」

ここで相手の反応を待つだけであれば、相手のミスを指摘して面子を潰し、自己重要感を傷つけるだけになってしまいます。そこで、この後が重要。

あなた「ご家族の誰かが気を利かせてクリーニングに出してくれたのですね。私も、着たい時にその服が見当たらない時があるのですが、そんな時はだいたい母が気を利かせてクリーニングに出していたりするので、お客様の事情はわかります」

このように、「私は知らなかったけど、家族がそうしてしまったみたいですね」という**〝逃げ道〟を作ってあげる**わけです。これでお客様の面子も保てますし、一度振り上げた拳も収める場所ができ、お客様はこちらに何の害も及ぼすことなく帰っていただけるでしょう。

今回の例は〝お客様〟でしたが、これがもっと私たちに距離が近い人だった場合は、自分の面子を保ってくれたこと、恥をかかずにすんだことで、あなたに大きな恩義を感じることでしょう。それが、あなたの人望になり信頼感の獲得につながるのです。

「痛み」は即断・即行動を生み「快楽」は継続を生む

心理学者のジークムント・フロイトは、人間の心が優先する第一要素は**「id（イド）」**だと提唱しています。イドとは、快楽の原理に基づいて、本能のままに快楽を求めて、痛みを回避することです。

つまり、あなたや私を含め、「人が動く」要因は、実は次の2つしかありません。

①「快を得る」（ために動く）

②「痛みを避ける」（ために動く）

この2つをうまく使い分けることができれば、私たちの周りにいる人たちが迅速に、かつ継続的に思い通りに動いてくれるようになります。

「快を得る」とは、「欲求」を満たすための行動です。つまり、本書で言う「安心感」と「自己重要感」を満たすための行動です。

この**「快を得る」ためのパワーをもとにした行動は「継続性」に優れています。**

一方で、「痛みを避ける」ためのパワーは、「安心感」や「自己重要感」が損なわれる、傷ついてしまうから動かなければ！　というイメージです。

「痛みを避ける」という感情は「瞬間的」な行動を起こすうえで大きなパワーになります。

半面、「ずっと安心感がない、自己重要感が傷ついたまま……」と思いながら動き続けることは、心身ともに疲弊してしまい長続きしません。ですから、「痛みを避ける」パワーはあくまでも相手の「動き出し」の際にだけ引き出すようにする。
いざ動き出したら「快を得る」ための継続的なパワーに切り替える。
これが人の心を動かすコミュニケーションの理想です。
では、「痛みを避ける」パワーと「快を得る」パワーの使い分けの会話例を見てみましょう。

たとえば、あなたが夫に子供の前でタバコを吸うのをやめてもらいたいとしましょう。

あなた 「ちょっと、相談があるんだけど、いい？」**（命令ではなくアドバイスを求める）**

夫 「ん？　なんだ？」

あなた 「子供のことなんだけど、あなたはどんなふうに育ってくれたらいいなって思ってる？」**（未来を見せて「快」をイメージさせる）**

夫 「急にどうしたんだ？　まぁ、それは健康に育ってくれることが一番かな」

あなた 「そうよね。私もそう思うの。でも最近せき込むことが多くてちょっと心配で」

夫 「そうなのか。風邪か？」

あなた「それが熱はなくて。よく聞いてみたらどうやら家にいる時だけみたいなの」
夫「家にいる時だけ？」
あなた「そう。それで気になることを聞いたら、臭いが気になるって」**（答えを言わずに相手に気づかせる）**
夫「臭い？　もしかして、タバコか？」
あなた「うん」
夫「それは全然気がつかなかった」
あなた「それで、どうしようかなって」**（答えを言わない）**
夫「タバコの影響あるなら考えないとな〜。でも、やめられないな〜」
あなた「今すぐにやめてって話じゃないけど、健康に育ってもらうためにはどうしたらいいかなと思って……」
夫「そうだな。とりあえず、子供の前で吸うのはやめよう」
あなた「それはいいアイデアね。ありがとう。あなたのタバコが原因で体調悪くなって、あの子のあなたに対する印象まで悪くなったら私も嫌だからありがたいわ」**（痛みを与える）**

夫「そうだな。それは嫌だから、そうするよ」

翌日、さっそく家の外でタバコを吸うようになったのを見て。

あなた「さっそく、外で吸ってくれているのね。ありがとう！　そういうところ、尊敬するわ」**（快楽を与える）**

以後、子供の前で吸わないようにしてくれている時に毎回何度も褒める**（快楽を与える）**

さて、この会話のやり取りはいかがでしょうか？　「子供の前で吸うのをやめて」というひと言で理解できないのであれば親失格！　なんて声も出てきそうですが、ここでは「快」と「痛み」をどのように使えばいいかを、わかりやすくお伝えしたかったことをご理解ください。

「痛み」は即断、即行動を促すために使い、「快楽」は継続して行動するために使う。

子供のために外でタバコを吸う行為により、毎回褒められたら、次も褒められたいから続けます。それをやめたら褒められなくなり、さらには痛みも伴うため継続に舵《かじ》を切るわけです。

重要なことなので繰り返しますが、痛みを与えるだけでは、人は疲弊します。**痛みを与えて動かすなら、動いた時にその2倍、「快」＝「安心感や自己重要感」を与えてあげることがポイントです。**

世の中には〝痛みを与える〟だけで人を動かす人もいますが、そのような人は例外なく、人望も信頼も忠誠心も得ることはできていません。

不公平感をなくす「ルールの明確化」

「自分は大切に扱われていない」「ちゃんと対応してもらえていない」「あの人ばかりえこひいきしている」……。

部下やスタッフ、あるいはお客様や生徒が不満に思うことの1つに「不公平な対応」というものがあるはずです。

人はなぜ、このような不満を持ってしまうのか？

もうおわかりでしょう。人には**「大切に扱ってもらいたい」＝「自己重要感を満た**

されたい、自己重要感を損ないたくない」という欲求があるからです。

ただ、逆の立場の言い分もわかります。「他の人たちよりも一生懸命頑張っている部下、スタッフ」や「特にご愛顧いただいているお客様」を優先したいという気持ちになることは、やはりあります。

相手の数が少なければ、まだ公平を心がけた対応ができるかもしれませんが、数が多くなってくると、そうはいきません。

とはいえ「たくさんの人がいるんだから仕方ないでしょ！」などと言ってしまっては、当然あなたの信頼はガタ落ちです。

では、大勢を相手にしていても、全員に「〝自分への扱い〟をちゃんとしてもらえている」と感じてもらうには、どうすればいいでしょう？

ここで、私たちがやるべきことは**「ルールを明確にする」こと**。

「どういう基準で対応しているのか？」——これをはっきりさせることで、すべてが解決します。

こちらに「こういう基準で対応しています、こういう基準で評価しています」というルールが存在し、そのルールを相手も認知しているならば、「大切に扱われていない」と感じた場合でも、自分に落ち度があるということを認識して改めるようになります。

つまり、**ちゃんと扱われていないことの〝理由〟と〝基準〟がわからないと、相手は現状＝「私はちゃんと扱われていない」という事象のみにフォーカスして、「全員に平等に対応すべき」という不満を持つだけになる**のです。

ただし、ルールや評価基準に〝押し付け感〟があるのはNG。ある日突然、何の前触れもなく上司から「今日からこの基準で評価するからな！」と押し付けられれば、逆に「急に何だよ！」と反発が起きてしまうでしょう。

最初からルールを明確にしておくか、途中から新ルールを導入する際には対象となる人に納得いく理由を説明してからにしましょう。

「ルールが曖昧だから不満が起こる」
「ルールが明確になると、人はそれを守ろうとする」

これもまた、知っておくべき人間のメカニズムです。

価値観の対立を超越する「最強の質問」とは

あなたは、相手から次のような言葉を言われたらどんな気持ちになりますか？


「それは間違ってる！」

「それは難しいんじゃないの？」

「あなたには、無理だ！」

「いいから私の言う通りにやって」

「普通に考えたらわかるでしょ！」

「やっぱり、お前ってそういう人間だよね」

「そんなこと、ありえないから！」


嫌な気持ちになりませんか？　こんな言葉を言われて「気持ちがいい！」という人

は稀《まれ》だと思います。

なぜこのような言葉で嫌な気持ちになるかと言えば、それは、**「決めつけられている」**から。

間違っている、難しい、無理、言う通りにやれ……こちらの考えや気持ちを理解しようとせずに、一方的に決めつけられる。そこには、安心感も自己重要感も存在しません。1人の人間としての存在価値を感じることができない。だから、嫌な気持ちになるのです。

アメリカのメリーランド大学がカウンセラーを対象に行った研究によれば、会話の中で、決めつけや断定をするように話していると、その人の魅力が損なわれるということもわかっています。

ということは、「人の心を動かす」影響力、人望、信頼を得るためには、これと逆のことをすればいいだけなのです。

つまり、**「決めつけない」**ということを肝に銘じましょう。

「決めつけない」という言葉は、「正解はいくつもある」「正解は人によって違う」という表現に言い換えられるでしょう。

そう、私たちは**「人によって正解は違う」ということを覚えておくべきなのです**。

たとえば……。

犬を飼っている人は、もちろん「犬はかわいい」と思っています。

では、「犬はかわいい」は、誰にとっても唯一無二の正解なのでしょうか？

小さい頃に大型犬にかみつかれて何針も縫う大怪我をした経験がある人も、「犬はかわいい」と思うでしょうか？　思わないですよね。

そんな過去の経験を持つ人が「犬は苦手」と言った時に、自分の価値観だけで、「そんなの間違っている！　犬はかわいいものでしょう！」と主張する。

……これが「決めつけ」です。

相手が「なぜ、そう思ったのか？」の背景を理解しようとする姿勢は、相手に安心感を与え、自己重要感を傷つけることもありません。

そして、あなたに対して「自分がなぜそう思ったのかを理解してくれた」と感じれば、自分の答えに固執せず、こちらの話に耳を傾けてくれます。

人が固執しているのは自分の意見そのものというより、「自分が理解されていない」

という〝思い〟の部分なのです。

「なぜ、そう思ったのか、教えてもらえますか？」

あなたの価値観からは考えられない答えや意見が出てきた際には、シンプルにそう聞けばいいだけです。それが相手にとっては「自分のことを理解しようとしてくれている」ことの証《あかし》になるのです。

相手にとって大切な「そう思った理由」を聞こうとしてくれる姿勢は、あなたへの信頼に変わることを覚えておいてください。

人の心を動かす「神トレ」

今週1週間、自分が「えっ？」と思うような発言をする人がいたら、「何でそう思ったのか教えてもらえますか？」と尋ねて、相手の背景を理解してみよう。その人の背景によって答えは変わることを実感してみよう。

相手の悩みを「紙に書き出させて」客観視させる

人のことならば「どんな判断をすればいいか？」もわかるし、アドバイスもできる。でも、いざ自分のことになると冷静に判断ができない……。

そんな経験はないでしょうか？

これは私たち人間誰もが陥る現象ではありますが、その状態から抜け出す方法ももちろんあります。

そして、私たちの周りにいる人がそんな状態の時にこの方法で接してあげると、相手は今まで悩んでいたこと、判断のつかなかったことが一瞬で解決できるようになり、あなたはまるで神様のような存在に見えてしまうでしょう。

それはどんな方法かと言うと……。

悩んでいること、判断がつかないことを「紙に書かせる」のです。

人間の脳には、同じ事柄を頭の中で何回もリピートするという習性があります。何回も何回も繰り返すので、非常に大きな悩みがあるように感じてしまうのです。

しかし、**悩んでいることをとりあえず紙に書き出してみると……意外と「これだけのことか」と実感することができるのです**。

さらに、**紙に書き出すことで悩みを客観視することができるようになります**。

なぜ人のことならば判断もできるし、アドバイスもできるのか……それは悩みを客観視しているからにほかなりません。紙に書き出すのは、今抱えている問題を一度自分から離し、それを客観的に眺めるためです。

そして、相手に悩みを書き出させたら……いきなり「こうしたほうがいい」とアドバイスをしてはいけないとお話ししました。そう、人を動かすのなら**「答えは教えてはいけない」**し、**「自分で気づかせる」**ことが重要だからです。

書き出した問題の判断についてのそれぞれの選択肢のメリットやデメリットは、相手本人に自分で書かせます。書き出し終えたら、相手はもうその時点で「客観的に見てどうすべきか?」がわかっている状態。

あなたがやるべきことは、問題を解決する決断ができる材料を書き出すように促し、そして**最後に「じゃあ、どうする?」と最終的な決断を後押しするための「質問をしてあげる」だけ**なのです。

けっして難しいことではありませんよね?

人の心を動かす「神トレ」

悩んでいる人がいたら、話を聞いてあげてそれを紙に書き出させてみよう。書き出したことを客観的に見させて、どう感じるかを聞いてあげよう。相手はもう自分で答えがわかっているはず。

第４章のまとめ

▼「相手に気づかせる」ことが何よりも大事。
こちらから「答え」は教えない。

▼「否定をしない」「気づかせる」「答えを言わない」「正さない」。

▼仕事などの「期限」は相手に決めさせる。

▼「褒められた」という事実が記憶となり、相手はまた行動を繰り返す。

▼「あなたを信頼している」という言葉をかける。

▼相手の面子をつぶさず「逃げ道」を作ってあげる。

第5章 相手の人生さえも変える「究極の神トーーク」

「人の心を動かす」から「相手の人生を変える」へ

「人の心を動かす」影響力の究極の活用法――それは**「相手を変える」**ことです。

「この人と出会ったから私は変われた」

「今の自分があるのは、この人のおかげだ」

人からそう思ってもらえる人たちは、人の心を動かす影響力をベースとした「相手の人生を変える力」を持った人物です。

もちろん、人が「自分が実現したいことを実現する」ためには、専門的な知識や技術も必要でしょう。しかし、知識や技術よりも〝人が変わる〟ための大きな力になるものがあります。

どんなに知識や技術があっても今の自分を変えられない、実現したいことを実現できないという人には、それが欠けているわけです。

それは何かと言えば**「変わる、実現するという強い意志」**。

言い換えれば、それは**「感情」であり、「メンタル」のこと**です。

相手を変える力を持っている人は、自分が関わる人の「感情」「メンタル」に火をつけることができ、コミュニケーションによって、相手を、自然と行動してしまう方向に導くことができるのです。

「人生の9割はメンタルで決まる」

これは私がつねづね主張していることです。

「人の心を動かす」ことをテーマとしてきたこの本の最終章として、あなたが関わる相手のメンタル、感情に「火をつけて」その人を変える方法をご紹介します。

このスキルが、私がこれまで多くの人たちの〝人生を変えてきた〟エッセンスと言えるものでもあります。

相手の「行動」より「人柄・存在」を褒める

この本の総復習としても、まずやらなければならないこと――それが「褒める」ことです。

最初に「褒める」がなければ、相手は聞く耳を持ってはくれません。

自分の意見や考え、気持ちを頭から否定された時、相手は自身の自己重要感を守るために「言い訳」を考えたり、自己防衛のため、素直にあなたのアドバイスや話を聞くことはありません。

ただし、ここで勘違いしてはいけないのは、「いつまでも褒め続けろ」というわけではない、ということです。

ポイントは**「〝まず〟褒めて、あなたの話やアドバイスを受け入れやすい状況を作る」**という〝環境作り〟にあります。

心理学者のジョアン・グルーセックが、次のような実験を行いました。

ビー玉で遊んでいる子供たち何人かに、友達にビー玉を分けてあげるようにお願いして……。

・Aグループの子供には、「君はいいことをした。素晴らしい行いだ」と「行動」を褒めました
・Bグループの子供には、「君は友達を喜ばせた。素晴らしい子だ」と「人柄」を褒めました

そして2週間後……。

「行動」を褒められたAグループの子供のうち10％が、入院している子供を元気づけるためプレゼントを渡すという行動をしました。

Bグループでは45％の子供が、同様のプレゼントをするという行動をしました。


この実験から、**相手の「人柄・存在」を褒めると、より相手に大きな影響を与える**ということがわかっているのです。

行動自体を褒めることもけっして悪いことではありませんが、「あの場面であんな決断ができるなんて勇気があるんですね」「言葉のセンスが素敵ですね」「いつもおしゃれですね」など、相手の「存在」自体に結びつけて褒めれば、その後の相手の行

動への影響は大きなものとなります。

そう、裏を返せば、**ネガティブなことをした時も、「人柄・存在」を否定してはいけないということにもなります。**

相手の人生を変える「神トレ」

褒める時は、相手の「人柄」「存在」に結びつけて褒めてみよう。

今後「人に命令をしない」と覚悟を決める

人が変わるために一番必要な力は、実は「他人の力」ではありません。「自分自身の意志」です。

なぜなら、自分にどんなに素晴らしい相談相手や上司、友達がいたとしても、その人たちと共に過ごす時間よりも**「自分が1人でいる時間」のほうがはるかに長いから**です。

そのため、その〝1人の時間〟に自分を変えるための行動や努力ができなければ、変化は起きません。

「人を変える」ためには、**相手に「自分1人の時でも動く意欲」を起こさせる**ことが重要なのです。

では、誰とも一緒にいない、誰からも助言や励ましをもらえない自分1人の時でも「やろう！」と思える気持ちは、どんなタイミングで生まれるのか？

それは、**「自分で〝気づいた〟時」**です。

……想像してみてください。

- 誰かから「ここを掘ると財宝が埋まっているよ」と教えられた時
- 誰にも知られずに自分1人で「ここに財宝が埋まっていることに気がついてしまった」時

……どちらがワクワクして「すぐに行動しなくては！」と思うでしょうか？

そう、「自分1人で気づいた時」ですよね。

第4章でも、「気づかせる」「答えを言わない」などのお話をしましたが、「人を変えるための原則」として、さらに覚えておくべきなのが、「やらせようとしない」、つまり**「命令をしない」**ことです。

「命令をする」のは、「ここに財宝が埋まっていると自分で気づいた！」とは真逆の状態。強制力は働くかもしれませんが、自分1人の時に、意欲的に取り組んだり、自分の意志で継続させることはないはずです。

つまり、人を変えることはできないのです。人を変える力を手にしたいのであれば、「人に命令をしない」と覚悟を決めてください。

人間的な弱さを隠さないことが魅力になる

「この人の話をもっと聞きたい」
「この人がそう言うのなら、やってみたくなる」

人を変える力を持っている人の話には、**他の人とは違った独特の魅力**を感じることが多いものです。

その魅力の正体とは、いったい何か？

【質問】「この人の言うことなら、やってみようかな？」と思える人の魅力は、どんなところにあるのでしょうか？　あなたの考えを教えてください。

さまざまな答えが出てきていると思います。

あなたが「これが魅力の正体だ」と思うのであれば、まずそれは正解でしょう。その部分を自分自身が実践してみてください。

そのうえで、1つ付け加えるべき魅力の正体――それは**「その人の『弱い部分』を感じることができる」**というものです。

相手の弱い部分を感じると、なぜ「この人の言うことなら、やってみようかな？」につながるのか？

たとえば、あなたに何か挑戦してみたいことがあったとします。

そのことについて相談した相手と話す中で……、

「実は相手は、実家が資産100億円の生まれながらの富豪で、IQ180を超える頭脳を持ち、ハーバード大学を卒業し、英語のみならず、フランス語、中国語もネイティブレベルで話すことができ、大学在学中に起業してわずか1年で年商50億円を超える会社を作ったやり手で、ストイックな人間だった」

……なんてことがわかったら？

自分のことについて相談したはずなのに、「やってみよう！」という気持ちは湧いてこないでしょう。「相談する相手を間違えた」と思うだけかもしれません。

「弱い部分を感じることができる」というのは、相手との心の距離を近づける効果があります。そして、距離が縮まることによって、「自分にもできるかもしれない」と思うのです。

とはいえ、「相手からの信頼を損ねるような弱さ」を見せては、もちろん逆効果になります。

弱さを見せるとは、言い換えれば**「人間らしい弱点の部分を見せる」**こと。

もちろん私自身、仕事で得意なこともあれば、不得意なこともあります。

新しいビジネスモデルを考えたり、人にアドバイスをしたり、人前で話す、文章を書くなどは得意ですが、細かい事務作業は不得意で、データをグラフや表にまとめたりするのも苦手。

ですから、自分1人では仕事が回らなくなり、立ち行かなくなってしまうのですが、私の苦手な部分を一手にカバーしてくれる〝超敏腕秘書〟に毎日助けられています。

そのおかげで、自分の得意なことに集中できているのです（この前は危うくダブルブッキングするところでしたが、秘書が教えてくれて助かりました）。

まさか全国に届く書籍で自分の弱い部分をさらすことになるとは思いませんでしたが、要はこれが**「弱さを隠さない」＝「人間味あるところを隠さない」**ということなのです。

人間味のあるところを見せることで距離を縮めて「あなたもそうなんだったら、私にもできるかもしれない」という気にさせる魅力もまた、人を変える＝相手に行動させるうえで大切な力になるのです。

ということで、私自身、今日も誰かに助けられて生きています……。

相手の人生を変える「神トレ」

自分の失敗談や弱い部分、苦手な部分の話を周りの人にしてみよう。

目的と手段の混同がなくなる「最高の問いかけ」

「自分がやりたいと思ったことをやっているのに、何だか最近苦しいんです」

そんなことを言ってくる人がたまにいます。

「自分が希望していた職種についたはずなのに、仕事が楽しくない」

こう悩んでいる人もいます。

さらには、こちらが「今それやる必要ある？」と思ってしまうことに手を出し始めて、「そんなことしていたら、自分が得たい結果にたどり着くには、すごく遠回りになるよ」と言いたくなる人も。

なぜ、そのようなことが起きるのでしょうか？

実は、その原因はとてもシンプルなこと。

「自分が今どこを目指しているのかを忘れてしまっているから」です。

「忙しくて、目の前のことばかりにとらわれている」→「今やっていることがどこにつながっているのか、わからなくなる」→「だから辛い。苦しい。楽しくない」という図式に陥ってしまうわけです。

実は私も、経営者の方のコンサルティングをしている時に、相手が何だか楽しくなさそうだな、辛そうだなと感じた時は、いったん相談内容の話題から離れて、相手に〝確認〟を促します。

「そういえば、◯◯さんは、今、どこを目指しているんでしたっけ？」

相手の目を**「目の前のこと」から「自分の目指すゴール」に向けさせる質問をする**のです。

すると、ほとんどの人が「はっ！」とした表情になる。

「今やっていることは何のためにやっているのか？　なぜ、やっているのか？」を思い出し、さっきまでの辛そうな表情が消え去ってしまうこともよくあります。


冷静に考えてみると、それは当然のことなんです。

たとえば「ここの地下100メートルのところに10億円が埋まっているから、スコップで掘ろう！」と思った時……。

手を動かすモチベーションは「掘りきったら10億円が手に入る」ということですよね？　100メートル掘った先に何があるのかがわからなかったり、何があるか忘れてしまい「スコップで地面を掘る」という作業のことだけを考えたら、それはウンザリするに決まっています。


私たちは「これをしたらこうなる！」というゴールを想像して、ゴールから目を離さないからこそ行動できるのです。

人の心を動かす力、人を変える力を持っている人は、相手が動けなくなっている時、動きが鈍くなっている時、気持ちが落ちているということを察知した時に、相手に**「もう一度目的地に目を向けさせる」**のです。

自分と関わる人の目を目的地から逸《そ》らさせない気遣い——それは前述のように、「○○さんは、今、どこを目指しているんでしたっけ？」という簡単な声かけをすればいいだけ。

あなたは周りの人に、そのような声をかけていますか？

あなたのそのひと言で救われる人もいるのです。

相手の人生を変える「神トレ」

今やっていることが辛そう、つまらなさそうな人がいたら、「今どこを目指しているのか？」と質問してあげよう。

相手の「現在地」と「やる理由」を明確にさせる

「目的地」＝自分の目指すゴールに目を向けさせることの重要性は、おわかりいただけたかと思います。

ただし、目的地に目を向けているにもかかわらず、動けない（行動に移せない）という人もいます。

目的地に目を向けて動く人と、目的地に目を向けても動けない人——その違いはいったいどこにあるのでしょうか？

目的地に目を向けても動けない人は、飛行機にたとえると**「行き先は決まっているけど〝燃料〟が入っていなかった」**という状態なのです。いくら目的地が明確であっても、燃料が入っていなければ、当然のことながら機体は動くことができません。

この時の燃料——人が動くための原動力とは何か？

前著『神メンタル』では、「行動を起こす原動力になるのは『自己評価』である」とお伝えしました。自己評価とは、自分が自分に対してどのような評価をしているか？　ということです。

そして人は、「現実」と「自己評価」との間に乖離《かいり》が生じると、自己評価と同じような結果が得られるように行動する——という脳のメカニズムを持っています。

つまり、**「自分は自分が決めた目的地に到着できる人間なんだ」という自己評価がない限りは、いくら目的地に目を向けても動けない**のです。

では、人を変える力を持っている人は、自己評価が低くて動けない人に対して、どのようなことをしているでしょう？

まずは先ほどの話のように、目的地に目を向けさせます。

そしてさらに、「なぜ、その状態を目指すのか？」という「やる理由」を明確にさせているのです。

「なぜ、それを実現したいのか？」
「なぜ、それをやりたいのか？」

この「なぜ？　に対する答え」＝**強い「やる理由」こそが、自己評価と並び、私たちを動かす原動力となる**わけです。

先ほど「地下100メートルのところに10億円が埋まっている」というたとえ話をしました。目的地である〝埋まっている10億円〟を忘れてしまい〝スコップで地面を掘る〟という目先の作業だけにとらわれてはいけない——という話でしたが、この話には「そもそもの前提」があります。

それは「埋まっている10億円を手に入れたい」という、スコップで地面を掘ることへの強い**「やる理由」**です。

もし、私たちがすでに100兆円くらいお金を持っていたら、わざわざ10億円のために100メートルもスコップで地面を掘るなんてことはしません。「今、どうしても10億円を手に入れたい！」という強い「やる理由」が、重労働＝行動の原動力になるのです。

スタンフォード大学の研究では、人は自分の行動が自分の価値観（大切にしていること）の実現に結びついていると実感すると、ストレスが軽減して自信が強まり、精神状態もよくなることがわかっています。

では、「やる理由」を明確にしてあげるための声かけとは？

これも極めてシンプルで簡単です。

「なぜ、あなたはそれがやりたいの？」と、ストレートに質問すればいいのです。

「これをやれ」「あれをやれ」などという指示やアドバイスを出していたら、「人を変えるツボ」を心得ている人が現れた時には、周りからの人望も信頼も、たちまちその人に奪われてしまうでしょう。

いま一度、あなたが関わる人たちへのアドバイスや指示の仕方を見直す必要があるかもしれませんね。

相手の人生を変える「神トレ」

「今、どこを目指しているのか？」と同時に、「なぜ、そこを目指しているのか？」ということも明確にしてあげよう。

最終的な目標から逆算した「小さな目標」を一緒に作る

「目的地」から目を離させないことはとても重要ですが、人によっては、目指しているところが遠すぎて逆にやる気をなくしたり、「本当に実現できるのだろうか？」と気持ちが落ち込んでしまうこともあります。

2010年、イギリスの心理学者リチャード・ワイズマンが何千人もの被験者に対して「目標を達成するためにどんな方法を実践しているのか？」という質問をする調査を行い、同時に、その方法が目標達成に影響しているかについても調べました。

その結果、もっとも目標達成に影響が大きかった、つまり目標を達成していた人が多かった方法は、**「目標に近づくたびに自分にご褒美を設定している」**だったのです。

目的地＝最終的にたどり着きたい目標の前に、小さな目標（通過地点）をいくつも設定して、その小さな目標を突破するたびに自分にご褒美をあげる、というやり方です。

自分に対するご褒美によって「目標を達成した」という自己重要感が高まり、次の小さな目標に向けてまた頑張ろうという気持ちになる。次の小さな目標を達成するとまたご褒美が待っていて自己重要感がまた上がり、また行動する……。

この繰り返しで、気がつけば最終的にたどり着きたいゴールに到達していた！　となるわけです。

もちろん、この「小さな目標に到達した時のご褒美」は、本人ではなく「あなた」が相手に与えることで、あなたの影響力は大きなものになります。

では、どんなご褒美を与えるのか？

相手の最終的なゴール、そしてその前の小さなゴールの数々を把握し、小さなゴールを突破した時に、私たちは**その人のことを「褒める」だけでいいのです。これが相手にとっての「ご褒美」です。**

そうすることで、相手は〝自分のことをちゃんと見てくれていた〟あなたに「安心感」を覚え、そして褒められたことで「自己重要感」が刺激され、また次の小さなゴールへと進むことができるようになるのです。

最終的なゴールにたどり着くその手前の小さなゴールは、いくつあってもかまいません。**大切なのは「これくらいの目標ならできるかも」という容易さです。**

たとえば、料理をしたことがない人にいきなり「肉じゃがを作ってよ」と言っても、「私には無理」と思われるでしょう。でも、まずは「じゃがいもを洗って」というくらい小さなゴールを設定すれば、相手は「それくらいなら、やってみよう」と行動を起こすはずです。

こうした「小さなゴール」をクリアすることの積み重ねによって、最終的な目的地に近づくわけですね。

そして、**この小さなゴール、小さなステップを「本人に決めさせる」ことができれば、相手はさらに「やれる！」という気持ちが大きくなります。**

相手が最終的なゴールまでの過程で何をしていいのかわからないのであれば、私たちが「気づかせれば」いいだけです。

「人は『自分で気づいたこと』で行動する」――すでにこの本でお伝えしましたよね？

もちろん、小さなゴールをいつまでに達成するかの「期限を自分で決めさせる」ことも忘れずに！　そう、この本に出てきた内容を組み合わせていくと、驚くほど人は動き、そして変わります。

相手の人生を変える「神トレ」

あなたの周りになかなか行動に移せない人がいたら、最終的なゴールから逆算した「小さなゴール」を一緒にたくさん作ってあげよう。その進捗の相談にも乗って、小さなゴールをクリアするたびに「褒める」というご褒美をあげよう。

お手本となる「ロールモデル」と仲良くさせる

たとえば、あなたが高校の野球部の監督だったとします。

才能はあるのに、練習に努力をすることなく補欠に甘んじている生徒がいます。

本人は「自分なりに」努力をしているつもりで、「こんなに努力をしているんだから、試合に出してくれてもいいのに」と、やや腐りかけています。

本人は「自分なりに」努力をしているつもりとはいえ、他のレギュラーの生徒と比べたら、それは努力と言えるようなレベルのものではないことを、あなたはわかっています。

さて、こんな時にあなたなら、この「自分なりに」努力している「つもり」の生徒の目を覚まさせるために、どんなことをするでしょうか？

まず絶対にしてはいけないことは、「そんなレベルで努力だと思っているのか？」と頭から否定すること、蔑むことですよね。

それでは、相手の性格によっては、「痛み」を与えることで「なにくそ！」と奮起し、行動する人もいるでしょう。しかしたいていは、相手の自己重要感を傷つけるだけです。

では、この生徒に「俺がやっているのは努力なんかじゃない。自分よりもこんなにやっている奴がいるんだ。だから俺は補欠なんだ。このままじゃダメだ！」と気づかせ、行動させる方法とは？

それは、**「ロールモデルと行動を共にさせる」**です。この例で言えば、「努力をしているレギュラーの生徒と行動を共にさせる」ことになります。

人間の基本心理では、他人から意見されると自分を守りたくなり、自分を正当化しようとするものです。

しかし、**「ロールモデル」＝お手本とすべき相手と行動を共にすると、自分の至らない部分、自分が勘違いしている部分に自ら気づきます。そして今までの自分が恥ずかしくなり、すぐに修正しようとします。**

「今の自分でも十分に立派だと思っていたら、全然そんなことはなかった」という事実に他の人が気づく前に修正しよう。

「あいつはこの程度で威張っているよ」と誰かが気づく前に修正しておこう。

つまり**「自己重要感が傷つく前に修正しよう」という気持ちが行動を起こすきっかけであり、自分を変える力の原動力となるわけです。**

また、ロールモデルとなる人物と行動を共にさせると、本人の「基準」も変わります。自分の基準では「努力をしている」つもりでも、レギュラークラスの部員と練習を共にさせることで、自分がやっている努力は自己満足で、レギュラーの生徒の努力と比べたら、こんなものは努力とは言えないと、努力の基準の違いに気づくことでしょう。

この「ロールモデルと行動を共にさせる」という方法で人を変えようとする際に、決して忘れてはならないポイントがあります。

それは**「ロールモデル以外とは関わらせない」**ということ。

もちろん、現実的にはそんなことは不可能かもしれません。しかし、せっかくロールモデルと共に行動して気づきを得たとしても、ロールモデル以外の人と関わることで、「あー、でも他の人はこの程度でやっているから、全体的に見たら自分は頑張っているほうだよね」となってしまう展開は、絶対に避けなければなりません。

「ロールモデル以外と関わらせない」ことが難しかったとしても、今回あなたが「変えたい」と思っている対象の相手には、「周りに流されないようにする」ことだけはわかってもらうべきでしょう。

相手の人生を変える「神トレ」

あなたの周りにいる誰を誰と行動を共にさせると、その人は大きな変化をするでしょうか。その組み合わせを考えてみてください。

与えるのは「仕事」でなく「役割」という意識を

「人を変えたければ、役割を与えよ」

これはアメリカでのある心理実験の結果から生まれた言葉と言われています。

その実験とは、授業妨害が頻繁に起きるクラスで、授業妨害の中心になっていた生徒を「授業妨害をする生徒を取り締まる係」に任命したところ、そのクラスでの授業妨害がなくなったといいます。

人は「役割」を与えられるとその期待や信頼に応えようとする、役割を全うしようとするのです。特に日本人はアメリカ人よりも、この「与えられた役割を全うする」ことや「ルールを守る」ことが得意です。

たとえばあなたが、ある部下の行動を変えたり、考え方を変えたいと思っているのであれば、とくとくと説教をしたり、リーダー論、人生論を語るよりも、**〝役割〟を与えてしまったほうが、よっぽど効果的**です。

役割を与えられた相手には、「うまくいくこと」と「うまくいかないこと」が出てくるでしょう。

そこであなたがやるべきことは、相手がうまくいった時には「感情豊かに反応」したり、「人前で褒める」などで自己重要感を高め、相手がうまくいかなかった時は「まず褒める」「褒める・アドバイス・褒めるのサンドイッチ方式で対応する」「答えに気づかせる」などを活用すればいいのです。

人を変えたいのであれば、「役割」を与えてみましょう。

相手の人生を変える「神トレ」

どんな役割を与えると、あなたに関わる人は変わるでしょうか？　考えてみてください。

相手の意見を「発表させる場」を定期的に設ける

「役割を与える」ことと同様、「発表させる」という方法も、人を変えるもっとも効果的な手法の1つです。

何を発表させるのか？

一番簡単で、それでいて相手に大きな変化をもたらすことができるのが、**「相手が何か成果を挙げた際に『なぜ、成果を挙げることができたのか？』のプロセスを発表させる」**というものです。

この時の「成果」は、どんな些細な成果でもかまいません。「お客様から『ありがとう』と言われた」「期限内に難しい課題をこなすことができた」「先月よりも営業での成約件数がアップした」などなど、誰でもちょっと探してみれば見つかるはずです。

自ら成果を挙げたことを発表することで、相手は「今回自分がやったことはいいことなんだ」と強く認識します。そして今後も、その行動をとり続けるでしょう。

また、発表の機会を与えられれば、自身のこれまでの行動を整理する必要が出てきますから、これまでの過程での改善点、今後の課題なども浮き彫りにできるのです。「あなたが成果を挙げたプロセスをぜひ人前で発表して、周りの参考にさせてほしい」と依頼されれば、当然、相手は自己重要感を高めます。同時に、その発表を聞く周りの人たちも**「些細な成果でもそれを褒められるんだ」ということを認識し、「自分もそういう扱いを受けたい！」と思うようになります**。

まさにそのコミュニティ全体の行動が大きく変わっていくきっかけとなるのです。

また、成果を挙げていない人であっても、発表の機会を与えることはできます。職場や、コミュニティ、団体などの「改善しなければいけない問題」や「乗り越えないといけない課題」などを探し、その改善策、対応策を発表させるのです。発表の機会が与えられることで相手はコミュニティ全体の問題に対して当事者意識を持ち、発表するための準備をする過程で現状を認識し、「このままではいけない」ことを実感します。

つまり、**「このままではいけない」ことに「自分で気づく」**のです。

発表は必ずしも「大勢の前で」する必要はありません。たとえば1対1でミーティングの際に、「これから、どうしていきたいと思っているのか？」「どうしたいと考えているのか？」を相手に話させる＝発表させることだけでもいいのです。

なぜなら、人は「話しながら考えを整理する」ため、こちらが質問して話させているうちに「話しているうちに解決してしまいました」「話していたら、こうしようと思いました」と自ら問題点、解決策に気づいて行動に移すことが多々あるからです。

「自分で気づく」ことの重要性については、もうよくおわかりかと思います。**「発表させる」ことの狙いは、ここにあるのです。**

相手の人生を変える「神トレ」

「どうすればいいでしょうか？」と聞かれたら、「どうすればいいと思う？」と聞き返して、相手の意見を「発表」させてみよう。相手はその時点ですでに、どうすべきかを理解していることが多いものです。

自信とやる気を芽生えさせる「自己効力感」の高め方

「自分にできるだろうか?」

「自分にはできっこない」

この考えが、人を変えるうえでのもっとも大きな〝敵〟となります。

裏を返せば、**「自分なら、やればできるはずだ」という考えを日常のコミュニケーションの中で相手に植え付ける**ことができれば、私たちの周りは意欲的に動いてくれる人ばかりになるでしょう。


【質問】「自分にできるだろうか?」「自分にはできっこない」と思っている人を、「自分ならできる!」、少なくとも「できるかもしれないから、やってみよう!」という気持ちに変えるには、どうすればいいと思いますか? あなたの考えを教えてください。

「自分にできるだろうか？」「自分にはできっこない」と思っている人を、「自分ならできる！」、少なくとも「できるかもしれないから、やってみよう！」という気持ちに変えるには、相手の**「自己効力感」**を高めればいいのです。

自己効力感とは、**「自分にもできるんだ」と信じる力**のこと。

たとえば勉強が苦手で普段から勉強をしない子供が、たまたまテスト前に勉強して、いい点を取ったことで先生や親から褒められた……。

こうして、その子供は「勉強すれば自分もいい点が取れるんだ」ということを知ります。これが「自己効力感を得る」ということです。

では、相手の自己効力感を日常のコミュニケーションで高めるには、どうすればいいか？　実はそれはとても簡単なことなのです。

そう、**シンプルに、相手が「できたこと」を褒めるだけでいいのです**。

褒められて「自分はできた！」という実感が積み重ねられていくことで、人は自己効力感を高めていくのです。

たとえば、あなたが数億円もの大型契約を獲得したとします。

この時の「自分はできた！」という自己効力感を１００だとします。そして、このくらいの自己効力感を得る機会がなければ人の自己効力感は高まらないのかと言えば、そんなことはありません。

たとえば上司から「今月分の精算書類を早く出すように」との指示がありました。あなたは言われた通りに精算書類をすぐに提出したのですが、その際、上司は「おお、さっそく提出してくれたね。早いな！　ありがとう！」と褒めてくれました。

これだけのことでも、あなたの自己効力感は高まるのです。

それは大型契約を獲得した際の「100」と比べれば「1」あるいは「小数点以下」くらいのレベルかもしれません。しかし、こうした**些細なことでの自己効力感の高まりを積み重ねることで、やがては100を超える時が来るのです。**

いきなり自己効力感が跳ね上がるような機会は、なかなか訪れるものではありません。ですから、**日常でのちょっとしたことへの称賛、その積み重ねが重要なのです。**

相手の人生を変える「神トレ」

あなたが日常で褒められた事例を洗い出そう。そうすることで、日常であなたが関わる人の些細な成果でも称賛してあげられるアンテナが敏感になります。

出来事における解釈をプラスの方向へ誘導する

あなたが関わり、自分を変えようと行動している相手が落ち込んでしまったり、うまくいかなかったりした時、あなたはどう対処してあげるでしょうか？

壁にぶつかったり、「もうダメだ」とあきらめかけている相手を「また頑張ろう！」と奮起させるために、どんなコミュニケーションを取ればいいでしょうか？


こうした問題の対処法の大前提となるのが、この本でお伝えしてきた「相手の話を否定しない」「最後まで話を聞く」「どこに向かっているのかを明確にする」などのさまざまなスキルです。

相手の「安心感を得たい」「自己重要感を満たしたい」という欲求に背くことをしないのは、「人を変える」ための原則です。

そんな前提があるうえで、相手を「また頑張ろう！」と奮起させるコミュニケーションの取り方をご紹介しましょう。

「今回のことでラッキーだと思う部分があるとしたら、どんな部分？」

この質問を相手に投げかける――それだけです。

相手が壁にぶつかって、落ち込んで、「動けない」でいるのなら、あなたがするべきことは「動けない相手を再び動かす」ことにほかなりません。動けないのは、今起きている出来事が自分にとってよくない出来事だと思っているからです。それでショックを受け、動けなくなっているのです。

ならば、**今起きている出来事を「いいもの」に変えてしまえばいい**だけ。

心理学者リチャード・ワイズマンは、店の入り口に5ドル札を落としておき、それに気づく人と、気づかない人にはどんな違いがあるのか？　という実験を行いました。その結果、5ドル札が落ちている＝チャンスに気がつく人の共通点は、「自分は運がいい」と思っている人だったことがわかりました。

そして5ドル札に気がつかなかった人には「自分はよく事故に遭う」「自分はいつ

も失敗ばかりする」など「自分は運が悪い」と思っているという共通点があったのです。

私たちに関わる人が壁にぶつかっていたり、落ち込んでいたりしたら、とにかく〝いい方向〟に目を向けさせること。

「この出来事はラッキーなことなんだ」とあなたが思わせることができれば、あなたのおかげで壁を打ち破ることができるのです。

「相手が壁にぶつかってショックを受けている時に〝今回のラッキーな部分は？〟などという質問をしても、相手がそんなことを考えるわけがない、答えなんか返ってくるわけがない」……。あなたはそう思うかもしれません。

でも、大丈夫です。

私たち人間が会話においてもっとも嫌うのは、「空白」、つまり「シーン」としてしまうことです。

これを回避するために、**私たちの脳は「質問に対する答え」を必死で、無理やりにでも探します**。

先ほどの「今回のことでラッキーだと思う部分があるとしたら、どんな部分？」という質問をあなたが投げかければ、次の発言のボールは相手が持つことになります。相手の脳からすれば……「自分が発言しないとシーンとなってしまう、ヤバイ、ヤバイ……」と、答えを無理やりにでも探してくれます。

自分で無理やり出した答えでも、相手は「そういう捉え方もあるのか」と気づき、「いい方向に目を向ける」ことを知るのです。

たとえばあなたが一人旅をしていた際に、泊まるはずの宿の予約が入っていないという事態が起きたとします。あいにくその宿はすでに満室で、そこに宿泊することはできません。

そこで、自分自身に**「今回のことでラッキーだと思う部分があるとしたら、どんな部分？」**という質問をしてみてください。

あなたの脳は無理やりにでも「ラッキー」「ツイてる」と思える部分を見せてくれるはずです。私たちの脳はとても優秀なので、今の自分にとって重要な情報を探してくれるようにできています。

「旅から帰った時に誰かに話すネタが１つできた！」

私（の脳）なら、そう捉えます。

さあ、これが1対1の相手がいる会話だったらどうでしょうか？

仮に相手が「ラッキーな部分なんてありませんよ」と返してきたとしても、**「〝もし〟ラッキーな部分があるとしたら？」というように「仮定の話」としてさらに質問を返すと、相手はまず間違いなく「ラッキーな部分」にスポットを当てた答えを返してくれます。**

それでも「ラッキーな部分なんてない」と言われるのなら、それは大前提としての「最後まで話を聞く」という部分が足りない＝相手の気が収まっていない、ということです。まずは、最後まで話を聞いてあげてください。

相手の人生を変える「神トレ」

話を最後まで聞いて相手の気持ちが収まった時に、「今回のことでラッキーだと思う部分があるとしたら、どんな部分？」と聞いてあげてみてください。

会話で相手がどうなるかの「ゴールイメージ」を先に描く

私たちはなぜ「人の心を動かす」影響力を手に入れようとしているのでしょうか？

何に活用しようとしているのでしょうか？

相手が100人いたら100通りの活用方法と活用場面があるでしょう。

いずれにせよ、**相手と関わり、相手が動くこと、変わること、実現したいことを実現することによって、あなたは自分の「得たい結果」を得るわけです。**

その「得たい結果」を得るために、あなたはこの本のスキルを活用するわけですが、最後に、その際にもっとも重要なことを2つお伝えしたいと思います。

1つ目は、これをしなければこの本でお伝えしたスキルのどれをどのタイミングで活用していいのか？　という判断ができなくなってしまうものです。

それは、**「相手のゴールのイメージを先に描く」**ことです。

たとえば、第4章の「痛みと快を与える」でお話しした「夫に子供の前でタバコを吸うのをやめてもらう」という会話例（207ページ）。

この例のような場合に私たちが瞬時にすべきことは、「会話のゴールをイメージすること」です。

この会話例では、夫が「自ら子供の健康のため、子供の前でタバコを吸うのをやめなければ！」と気づく——これがゴールです。「人は自分で気がついたことのほうが実行に移しやすく、記憶に残る」。ですから、このゴールがふさわしいわけですね。

ゴールのイメージを先に描くことができれば、その思い描いたゴールに近づけるために、コミュニケーションのどのスキルを活用しようかと判断できるようになります。

さまざまな場所に行く電車や路線（人を動かすコミュニケーションのスキル）を知っていても、この会話のゴール＝目的地が決まっていないと、どの路線のどの電車を選んでいいのかわからないでしょう。

まずは、**会話のゴール＝会話によって相手がどうなるべきか？　をイメージすることを実行してみてください。**

「私はあなたの味方である」と言葉にして伝える

すでにこの本のここまでの内容をいくつか実践している方もいるかもしれません。その中で、大きな変化を感じたこともあれば、イマイチ反応を得ることができなかったということもあるかもしれません。

一気にここまで読み進めた方は、「まずは何から試してみようかな」とワクワクしているかもしれません。

この本でお伝えしてきた内容は、これまで私の講演会や勉強会に参加された、エステサロン経営者、学習塾経営者、弁護士、税理士、開業医、女優、俳優、モデル、客室乗務員、ベストセラー作家、ネイルサロン経営者、ファッションスタイリスト、歯科医師、アナウンサー、脚本家など1万人を超えるあらゆる方々の人生を変えてきた際の、**「現場でどうコミュニケーションを取ったか」**という実践に基づいたものです。

あなたもこれから、この本の内容を使って、あなたに関わる人たちに大きな影響を与え、大きな人望を得ることでしょう。

最後に、そんなあなたが絶対に忘れてはならない最重要ポイントをお伝えしたいと思います。

それは**「あなたと関わる人に〝私はあなたの味方である〟とはっきりと伝える」**ということです。

「態度で示している」「相手はわかってくれているはず」――それではダメです。**はっきりと「私はあなたの味方だから安心してください」と言葉にして伝える**のです。

「全人類を救う」なんてことは無理かもしれません。でも少なくとも、自分が好きな人や、自分のことを信じてくれている人の味方でいたいと思いませんか？

今この瞬間そう感じているのならば、そのことを明確に伝えるべきです。

それは相手の「安心感」を満たす、最上の方法です。

「私は君の味方だよ」

あなたの周りが、こんなセリフを言える上司や仲間、家族ばかりだったらどうでしょうか？

「安心感」とともに、大きな「幸福感」も得られるはずです。そして（このセリフを言った人にしかわからないことですが）、このセリフを相手に伝えた時には、**私たち自身も大きな「安心感」と「幸福感」を得ることができる**のです。

「人の心を動かす」影響力、「人を変える」力とは、私たちに関わる人を単に思いのままに動かす力ではなく、**私たちが、自分と関わる人と一緒に幸せに生きるための力**なのです。

本書の内容を通じて、私たち自身が「安心感」と「幸福感」に包まれて生きていけるお手伝いができていたら、とてもうれしく思います。

あなたと関わるすべての人たちに「私はあなたの味方ですよ」と、はっきりと言葉で伝えてあげてください。

第5章のまとめ

- ▼まずは相手の「人柄」と「存在」を褒める。
- ▼自分の弱みは隠さない。
- ▼悩んでいる人には「どこを目指しているんだっけ？」と聞いてあげる。
- ▼「やる理由」「ステップ＝小さな目標」を明確にする。
- ▼ロールモデルと行動させる。役割を与える。発表させる。
- ▼あなたの「ゴール」をイメージする。
- ▼「私はあなたの味方です」と伝える。

おわりに

2002年4月、私は自分の人生に大きな影響を与えることになる1冊の本と出会いました。それは、世界的な名著であるデール・カーネギーの『人を動かす』（創元社）です。

それまでの私といえば、小学校6年間の通知表に「協調性がない」「落ち着きがない」「自己中心的」と書かれ続けた人間。そんな私が、大学1年生になり、「人に教えるのが好き」という気持ちと「人前で目立ちたい」想いから、進学塾講師のアルバイトを始めようとしていました。

その時に、「どうせやるなら人の役に立ちたい」と考え、勉強が嫌いな生徒を少しでもやる気にさせる方法はないかと書店に足を運んだ際に、偶然『人を動かす』に出会ったことを今でもよく覚えています。

そして、私は雷に打たれたかのような衝撃を受けることになります。

なんと、そこに書かれている「人を動かすコミュニケーション術」は、自分がそれまで生きてきた世界とはまったく次元が違うものだったのです。

私はすぐに同書に書いてある内容を塾の授業で実践しました。でも、うまくいくものもあれば、まったく効果が見られなかったものもありました。

今思えば、私自身が同書の内容を十分に読み解けていなかったのが理由の1つ。また、記載されていた内容が心理学や脳科学といった科学的な内容ではなく、著者の経験則からくる内容であるため、私に当てはまるパターンとそうではないパターンがあったのだと思います。

しかしながら、即効性が高いメソッドもあり、同書に書いてあることを実践するだけで周囲との関係が改善されていったり、相手がこちらの思い通りに動いてくれるようになったりと、ある意味で不思議な感覚になったのも事実。

そうした実感を得て、着実に1つずつ実践していくことを繰り返し、日本人に応用できるパターンを研究する毎日でした。

その行動パターンの研究は、営業職として社会人になってからも続き、日々の営業活動の中でたくさんのデータを蓄積しながら、それらを自分なりに分析し、「人を動かす伝え方の法則」を見いだしていくことになります。同時に、心理学と脳科学の勉強を進めていたおかげで、その「伝え方の法則」を科学的に裏付ける根拠も蓄積していきました。

それらの集大成が、今回の『神トーーク』になります。

実は、『人を動かす』に書いてあることを実践し、悔しい思いをした経験があります。社会人3年目の時に、仕事上のトラブルがあり取引先に謝罪に行かなければならない事態に見舞われたのです。その時に「この通りにやれば謝罪はうまくいく」と書いてあったため、そのまま実践してみました……。

すると、相手から「まったく心がこもっていない」と激怒され、以降、その担当者が取り合ってくれなくなったことがありました。

「単なるノウハウを鵜呑みにしてはいけない。科学的根拠が必要だ」

そう、強烈に思わされたわけです。

では、はたして、伝え方しだいで人生は思い通りになるのでしょうか?

答えはもちろん「ＹＥＳ」なので、ご安心を。

「自分の思っていること」「こうしてほしいこと」「やめてほしいこと」「感謝していること」「愛しているということ」……。

こうした想いのすべては、言葉にしなければ伝わりません。

しかし、「言葉にすればすべてが伝わる」とは限りません。
「そんなつもりで言ったわけじゃない」なんてことは日常茶飯事。

「せっかく、何とかしたいと思ったのに……」
「せっかく、勇気をふり絞って言葉にしたのに……」
「せっかく、相手のことを思って伝えたのに……」
「せっかく、自分の夢を叶えるチャンスだったのに……」

伝え方ひとつで、人生が思い通りになることもあれば、思いもよらないトラブルを引き寄せることもある。

だからこそ、本書では単純に「こういうふうに伝えればいいよ」というレベルではなく、心理学や脳科学の科学的根拠に基づいた人を動かす伝え方を届けたい……そう決心して筆を取りました。

勇気をふり絞って、

「自分の想いを伝えよう」
「何かを成し遂げよう」
「夢や目標を達成しよう」
「誰かに何かを教えよう」
「これまでの自分を卒業しよう」
「日頃の感謝の気持ちを伝えよう」
「愛を告白しよう」

本書が、そんな想いを叶えようとするすべての方々の支えになってくれたら、心の底からうれしく思います。

私は、この本でご紹介した「神トーーク」をマスターしたことで、ゼロの状態から起業した経営者の月収を６カ月以内に１００万円以上に到達させる成功確率９１・３％という驚異的な数字を実現することができました。

伝え方しだいで、人は信じられないくらい活発に動き始めます。あなたの言葉ひとつでやる気にもなり、意欲的にもなり、あなたのことを信頼してくれるようにもなります。

本書を通じて、あなたに出会えたことは、私にとって奇跡です。

でも、人を動かす伝え方を習得する旅も、そろそろ終わりを迎えようとしています。

あとは、実践するのみ。実践の場では、思うようにいかないこともあるかもしれません。実践する勇気が出ないこともあるかもしれません。また、どのように実践すべきかがわからなくなる時だってあるかもしれません。

しかし、この本を読んでくれたあなたが、そんなことで時間を無駄にしてほしくはありません。そのため、この本をここまで読み進めてくれたあなたの力になるべく、ＬＩＮＥ＠で相談できる環境を準備しました。

こちらにあるＱＲコードより、ご登録いただければ、直接私に質問ができますし、週に1度「神トーク」を実践するために必要な科学的実例などを無料でお届けします。ピンときた人はお早めに。

またはスマホでLINEを開いていただき「@hoshiwataru」をID検索して申請してください（@をお忘れなく）。


私たちの人生が変わる時というのは、本当に小さなことがきっかけだったりするもの。もしかしたら、あなたがこの本に出会ったのは偶然かもしれません。しかし、私はこの偶然の出会いこそが、あなたの未来を大きく変える必然の出会いになることを確信しています。

そして、これからもあなたの人生を応援しています。


最後になりましたが、本書を出版するにあたり編集を担当していただいた伊藤直樹さんを始めとするKADOKAWAの皆様、編集に協力していただいた中西謡さん、ありがとうございました。

また、今回、本書のような形で世の中にお伝えすることができたのは、さかのぼれば、大学生時代に進学塾で担当させていただいた当時の生徒さん、会社員時代に関わってくださったすべての方々、これまでご相談に来ていただいた多くのクライアントの皆様、講演会や勉強会などに参加していただいた方々、その関係者の方々、すべての皆様の支えがあったおかげです。

私を取り巻くすべての方々に、改めて心から感謝しております。

本当にありがとうございます。これからもよろしくお願いします。

そして、最後まで読んでくれたあなたへ。

もしかしたら、何かしらの悩みを抱えているかもしれません。職場に行きたくない、上司と合わない、部下が言うことを聞いてくれない、夫婦関係がうまくいっていない、子育てに悩んでいて辛い、もう人間関係で悩みたくない……。

今まで本当に大変でしたね。

ここまでよく頑張ってきましたね。

現状にもがきながら、何かを改善したいと糸口を模索する姿勢は、必ず誰かに伝わり、必ず報われます。あなたが幸せになる権利は誰にも奪えやしない。

今日から共に生まれ変わりましょう。

「神トーーク」のスキルを手に入れ、「好きな時に、好きな場所で、好きなシゴト」をして輝いているあなたと直接お会いできる日が来ることを、心待ちにしています。

２０１９年6月

星　渉

参考文献一覧

『科学的に元気になる方法集めました』（文響社　堀田秀吾）
『人を動かす』（創元社　デール・カーネギー　山口博訳）
『人望が集まる人の考え方』（ディスカヴァー・トゥエンティワン　レス・ギブリン　弓場隆訳）
『「人を動かす」ために本当に大切なこと』（ダイヤモンド社　レス・ギブリン　弓場隆訳）
『「人の上に立つ」ために本当に大切なこと』（ダイヤモンド社　ジョン・C・マクスウェル　弓場隆訳）
『人生が変わるメンタルハック大全』（セブン&アイ出版　メンタリストDaiGo）
『図解モチベーション大百科』（サンクチュアリ出版　池田貴将）
『学びを結果に変えるアウトプット大全』（サンクチュアリ出版　樺沢紫苑）
『面白いほどよくわかる！　NLPの本』（西東社　梅本和比己）
『何があっても「大丈夫。」と思えるようになる　自己肯定感の教科書』（SBクリエイティブ　中島輝）

編集協力　中西 謡
装　丁　菊池 祐
本文デザイン　荒木香樹
編　集　伊藤直樹
扉写真　mikkelwilliam/gettyimages

星 渉（ほし わたる）
株式会社Rising Star代表取締役。1983年仙台市生まれ。大手企業で働いていたが、東日本大震災に岩手県で被災。生死を問われる経験を経て「もう自分の人生の時間はすべて好きなことに費やす」と決め、2011年に独立起業し、心理療法やNLP、認知心理学、脳科学を学び始める。それが原点となり、個人の起業家を対象に「心を科学的に鍛える」を中心に置いた独自のビジネス手法を構築。「好きな時に、好きな場所で、好きなシゴトをする個人を創る」をコンセプトに活動し、現在までに講演会、勉強会には10,000人以上が参加し、手がけたビジネスプロデュース事例、育成した起業家は623人にものぼる。ゼロの状態から起業する経営者の月収を6カ月以内に最低100万円以上にする成功確率は、日本ナンバーワンの91.3%を誇り、その再現性の高い、起業家のためのビジネスコンサルティング手法が各方面で話題となる。コンサルティングの申し込みは倍率92.1倍を記録。日本で数千人規模の講演会を実施し、シドニー、メルボルン、ニューヨークなどの海外でも大規模なイベントを行い、グローバルに「好きな時に、好きな場所で、好きなシゴトをする個人を創る」ための活動をしている。前作の『神メンタル』（KADOKAWA）が10万部突破のベストセラーとなり、テレビやラジオなど各メディアで取り上げられ注目を集めている。

神トーーク　「伝え方しだい」で人生は思い通り

2019年７月19日　初版発行
2024年９月５日　18版発行

著者／星《ほし》 渉《わたる》

発行者／山下 直久

発行／株式会社KADOKAWA
〒102-8177　東京都千代田区富士見2-13-3
電話　0570-002-301（ナビダイヤル）

印刷所／大日本印刷株式会社

ISBN 978-4-04-604397-9　C0030